근현대 전법 선맥(傳法禪脈)

75조 경허 성우(鏡虛 惺牛) 전법선사

홀연히 콧구멍 없는 소 되라는 말끝에   忽聞人語無鼻孔
삼천계가 내 집임을 단박에 깨달았네   頓覺三千是我家
유월의 연암산을 내려가는 길에서   六月鷰岩山下路
일없는 야인이 태평가를 부르노라   野人無事太平歌

76조 만공 월면(滿空 月面) 전법선사

전법게

구름과 달, 산과 계곡이라, 곳곳에서 같음이여   雲月溪山處處同
선가의 나의 제자 수산의 큰 가풍일세   叟山禪子大家風
은근히 무문인을 그대에게 분부하니   慇懃分付無文印
이 기틀의 방편이 활안 중에 있노라   一段機權活眼中

* 제75조 경허 성우 전법선사 전함 / 제76조 만공 월면 전법선사 받음

77조 전강 영신(田岡 永信) 전법선사

전법게

불조도 전한 바 없어서   佛祖未曾傳
나 또한 얻은 바 없음을…   我亦無所得
가을빛 저물어 가는 날에   此日秋色暮
뒷산의 원숭이가 울고 있네   猿嘯在後峰

* 제76조 만공 월면 전법선사 전함 / 제77조 전강 영신 전법선사 받음

78대 농선 대원(弄禪 大圓) 전법선사

전법게

부처와 조사도 일찍이 전한 것이 아니거늘   佛祖未曾傳
나 또한 어찌 받았다 하며 준다 할 것인가   我亦何受授
이 법이 2천년대에 이르러서   此法二千年
널리 천하 사람을 제도하리라   廣度天下人

부송(付頌)

어상을 내리지 않고 이러-히 대한다 함이여   不下御床對如是
뒷날 돌아이가 구멍 없는 피리를 불리니   後日石兒吹無孔
이로부터 불법이 천하에 가득하리라   自此佛法滿天下

* 제77조 전강 영신 전법선사 전함 / 제78대 농선 대원 전법선사 받음

이 오도송과 전법게는 농선 대원 선사님께서 법리에 맞도록 새롭게 번역한 것입니다.

불조정맥 제77조 대한불교 조계종 전강 대선사님께서는, 16세에 출가하여 23세 때 첫 깨달음을 얻고 25세에 인가를 받으셨다. 당대의 7대 선지식인 만공, 혜봉, 혜월, 한암, 금봉, 보월, 용성 선사님의 인가를 한 몸에 받으셨으며, 이 중 만공 선사님께 전법게를 받아 그 뒤를 이으셨다. 당대의 선지식들이 모두 극찬할 정도로 그 법이 뛰어나서 '지혜제일 정전강'이라 불렸다.

33세의 최연소의 나이로 통도사 조실을 하셨고, 법주사, 망월사, 동화사, 범어사, 천축사, 용주사, 정각사 등 유명선원 조실을 역임하시고 인천 용화사 법보선원의 조실로 일생을 마치셨다.

1975년 1월 13일, 용화사 법보선원의 천여 명 대중 앞에서 "어떤 것이 생사대사(生死大事)인고?" 자문한 후에 "악! 구구는 번성(翻成) 팔십일이니라."라고 법문한 뒤, 눈을 감고 좌탈입망하셨다.

다비를 하던 날, 화려한 불빛이 일고 정골에서 구슬 같은 사리가 무수히 나왔다. 열반하시기까지 한결같이 공안 법문으로 최상승법을 드날리셨으니 그 투철한 깨달음과 뛰어난 법, 널리 교화하기를 그치지 않으셨던 점에 있어서 한국 근대 선종의 거목이라 일컬어지고 있다.

불조정맥 제78대 농선 대원 전법선사님
- 전강대법회에서 법문 중 할을 하시는 모습

오로지 정법만을 깨닫기 서원합니다.

입을 열면 정법만을 설하기 서원합니다.

중생이 다하는 그날까지 교화하기 서원합니다.

- 농선 대원 전법선사의 3대 서원

불교 8대 선언문

불교는 자신에게서 영생을 발견하게 한 유일한 종교이다.
불교는 자신에게서 모든 지혜를 발견하게 한 유일한 종교이다.
불교는 자신에게서 모든 능력을 발견하게 한 유일한 종교이다.
불교는 자신에게서 모든 것을 이루게 한 유일한 종교이다.
불교는 자신에게서 극락을 발견하게 한 유일한 종교이다.
불교는 깨달으면 차별 없어 평등하다는 유일한 종교이다.
불교는 모든 억압 없이 자신감을 갖게 한 유일한 종교이다.
불교는 그러므로 온 누리에 영원할 만인의 종교이다.

- 농선 대원 전법선사 주창

전세계의 불교계에서 통일시켜야 할 일

경전의 말씀대로 32상과 80종호를 갖춘 불상으로 통일해야 한다.

예불 드리는 법을 통일해야 한다.

불공의식을 통일해야 한다.

- 농선 대원 전법선사 주창

2018년 이문절 포천정맥선원 농선 대원 선사님의 법회

대방광불화엄경

大 方 廣 佛 華 嚴 經

제 43 권

십정품 ④

十 定 品

도서출판 문젠(구, 바로보인)은 정맥선원에서 운영하고 있습니다.

* 인제산(人濟山) 성불사(成佛寺) 국제정맥선원
  경기도 포천시 내촌면 소리개길 86-178 ☎ 031-531-8805 ☎ 010-6431-8805
* 인제산(人濟山) 이문절 포천정맥선원
  경기도 포천시 내촌면 소리개길 86-123 ☎ 031-531-2433 ☎ 010-3880-8980
* 자모산(慈母山) 육조사(六祖寺) 청도정맥선원
  경북 청도군 매전면 동산리 산 50 ☎ 010-9800-6109
* 백양산(白楊山) 자모사(慈母寺) 부산정맥선원
  부산시 동래구 아시아드대로 114번길 10 대류코리아나 2층 212호
  ☎ 051-503-6460 ☎ 010-2951-8667
* 광암산(光巖山) 성도사(成道寺) 광주정맥선원
  광주광역시 광산구 삼도광암길 34 ☎ 062-944-4088 ☎ 010-8670-1445
* 대통산(大通山) 대통사(大通寺) 해남정맥선원
  전남 해남군 화산면 송계길 132-98 중정마을 ☎ 061-536-6366 ☎ 010-8938-2438

바로보인 불법 ㊳

화 엄 경 43권

초판 1쇄 펴낸날 단기 4352년, 불기 3046년, 서기 2019년 9월 20일

역   저 농선 대원 선사
펴 낸 곳 도서출판 문젠(Moonzen Press)
         11192,경기도 포천시 내촌면 소리개길 86-178
         전화 031-534-3373 팩스 031-533-3387
신 고 번 호 2010.11.24. 제2010-000004호

윤 문 교 정 증연 강영미
편집 전자책 제작 도향 하가연
표 지 그 림 현정(玄楨)
인   쇄 가람문화사

도서출판문젠 www.moonzenpress.com
정 맥 선 원 www.zenparadise.com
사막화방지국제연대(IUPD) www.iupd.org

값 15,000원
ISBN 978-89-6870-043-9 04220
ISBN 978-89-6870-000-2 (전81권)

華嚴十無頌 화엄십무송

- 농선 대원 선사

無相法性常顯前
상이 없는 법성은 언제나 드러나 있고

無性諸法如谷響
성품이 없는 모든 법은 골짜기에 메아리 같도다

無外作處是自在
밖이 없이 짓는 곳을 이 자재라 하는 것이니

無非華嚴大道場
화엄 대도량 아님이 없음이로다

無窮無盡光神通
궁구할 수 없고 다함 없는 광명의 신통에서

無不出生三千界
삼천대천세계가 나오지 않음이 없도다

無碍相卽大自在
걸림이 없이 서로 즉한 대자재여

無爲之法是日常
함이 없는 법이 일상이로다

無有定法隨狀況
정한 법 없어 상황을 따름이여

無上無爲妙菩提
위 없고 함이 없는 묘보리로다

바로보인 불법 ㊳

화엄경(華嚴經) 43권

농선 대원 선사 역저

二十七 、십정품(十定品) ④

서 문

가없이 크고 넓어 광대함이여!
모양 없는 그 가운데 본래 갖춤
증득한 지혜인이라야 아네

남섬부주 일체의 나툼이여
본래의 갖춤에 비하자면
천만억분의 일도 안 된다네

이러-히 온통 온통함이여!
모두 갖춘 본연한 이 장엄을
'대방광불화엄'이라 하네

단기(檀紀) 4345년
불기(佛紀) 3039년

무등산인 농선 대원
(無等山人 弄禪 大圓)

∞ 81권 화엄경 권과 품

차 례

일러두기

1. 화엄경 본문을 지나치게 세밀하게 나누어 긴 주해를 싣지 않은 것은 그로 해서 원문의 흐름이 끊어지게 되지 않을까 하는 우려에서이다. 이런 까닭에 다만 수없이 장고(長考)하며 최대한 원문에 충실하게 번역하고 각권의 마지막이나 각품의 마지막에만 결문(結文)을 더하였다. 화엄경 본문이 이치적으로 더할 나위 없이 샅샅이 화엄의 화장세계를 밝힌 것이라면 결문은 화엄경의 화장세계를 선(禪) 도리로 간략히 바로 끊어 보인 것이다. 이로써 경의 본뜻이 굴절 없이 전달되어 화엄의 세계가 독자의 세계가 되기를 바란다.

2. 요즈음 화엄경을 접한 이들이 최고의 경전이라 불리는 화엄경 첫머리부터 '신(神)'이라는 호칭으로 기록된 분들이 많은 것을 보고 의아하게 생각하는 경우가 있다. 화엄경의 첫머리인 세주묘엄품을 보면 이 '신(神)'이라는 호칭으로 기록된 분들이 불보살님의 화현이거나 보살마하살의 경지에서 행하는 분들임을 알 수 있다. 이런 까닭에 이 책에서는 '신(神)'을 '천제(天帝)'로 번역하였다. 예를 들면, '집금강신'은 '집금강천제'로 의역하였다. 천제는 그 세계를 다스리고 교화하는 분, 곧 깨달아, 삼매와 지혜와 덕과 신통과 방편과 변재를 갖추어서 다스리고 교화하는 분을 말한다.

3. 미주는 *로 표시하였다.

4. 화엄경 본문에서 장문 뒤의 게송은 앞에 설한 내용의 뜻을 거듭 간략히 설한 것으로, 앞의 내용을 찾아 참고하여 읽으면 그 흐름을 더 잘 이해할 수 있다. 예를 들면, 화엄경 37권 69쪽의 두 번째 연은 43쪽의 열 가지 역순으로 모든 연기를 관하는 까닭을 축약해 놓은 것임을 알 수 있다.

二十七 십정품 ④

佛子 云何爲菩薩摩訶薩 無礙輪三昧 佛子 菩薩摩訶薩 入
此三昧時 住無礙身業 無礙語業 無礙意業 住無礙佛國土
得無礙成就衆生智 獲無礙調伏衆生智 放無礙光明 現無
礙光明網 示無礙廣大變化 轉無礙清淨法輪 得菩薩無礙自
在 普入諸佛力 普住諸佛智 作佛所作 淨佛所淨 現佛神通
令佛歡喜 行如來行 住如來道 常得親近無量諸佛 作諸佛
事 紹諸佛種

10) 걸림 없이 굴리는 큰 삼매[無礙輪大三昧]

"불자들이여, 어떤 것을 보살마하살의 걸림 없이 굴리는 삼매라 합니까?

불자들이여, 보살마하살이 이 삼매에 들어갈 때에 걸림 없는 몸의 업과 걸림 없는 말의 업과 걸림 없는 뜻의 업에 머무르고, 걸림 없는 불국토에 머무르며, 중생을 성취하는 걸림 없는 지혜를 얻고, 중생을 조복시키는 걸림 없는 지혜를 얻으며, 걸림 없는 광명을 놓고, 걸림 없는 광명그물을 나타내며, 걸림 없는 광대한 변화를 보이고, 걸림 없는 청정한 법륜을 굴리며, 보살의 걸림 없는 자재함을 얻고, 모든 부처님의 힘에 널리 들어가며, 모든 부처님의 지혜에 널리 머무르고, 부처님께서 지으신 바를 지으며, 부처님께서 깨끗이 하신 바를 깨끗이 하고, 부처님의 신통을 나타내며, 부처님으로 하여금 환희하시게 하고, 여래의 행을 행하며, 여래의 도에 머무르고, 한량없는 모든 부처님을 항상 친근히 하며, 모든 불사를 짓고, 모든 부처 종자를 이어갑니다.

佛子 菩薩摩訶薩 住此三昧已 觀一切智 總觀一切智 別觀
一切智 隨順一切智 顯示一切智 攀緣一切智 見一切智 總
見一切智 別見一切智 於普賢菩薩 廣大願 廣大心 廣大行
廣大所趣 廣大所入 廣大光明 廣大出現 廣大護念 廣大變
化 廣大道 不斷不退 無休無替 無倦無捨 無散無亂 常增
進恒相續

불자들이여, 보살마하살이 이 삼매에 머물러서는 일체 지혜를 관하되 일체 지혜를 전체로 관하고 일체 지혜를 차별하여 관하며, 일체 지혜를 수순하고, 일체 지혜를 나타내 보이며, 일체 지혜를 반연하고, 일체 지혜를 보되 일체 지혜를 전체로 보고 일체 지혜를 차별하여 보기도 하니, 보현보살의 광대한 서원과 광대한 마음과 광대한 행과 광대하게 나아가는 바와 광대하게 들어가는 바와 광대한 광명과 광대한 출현과 광대한 호념과 광대한 변화와 광대한 도가 끊임이 없고 그치지도 않으며, 휴식함도 없고 변함도 없으며, 게으름도 없고 버림도 없으며, 흩어짐도 없고 어지러움도 없어서 항상 더 나아가고 항상 서로 이어집니다.

何以故 此菩薩摩訶薩 於諸法中 成就大願 發行大乘 入於
佛法大方便海 以勝願力 於諸菩薩所行之行 智慧明照 皆
得善巧 具足菩薩神通變化 善能護念一切衆生 如去來今一
切諸佛之所護念 於諸衆生 恒起大悲 成就如來不變異法
佛子 譬如有人 以摩尼寶 置色衣中 其摩尼寶 雖同衣色 不
捨自性 菩薩摩訶薩 亦復如是 成就智慧 以爲心寶 觀一切
智 普皆明現 然不捨於菩薩諸行

무슨 까닭이겠습니까? 이 보살마하살이 모든 법 가운데 대원을 성취하고 대승을 행하여 불법의 큰 방편 바다에 들어가고, 뛰어난 원력으로 모든 보살이 행하는 바를 행하여 밝게 비추는 지혜로 모두 공교함을 얻고, 보살의 신통변화를 구족하여 일체 중생을 잘 호념하며, 과거와 미래와 현재의 일체 모든 부처님께서 호념하신 바와 같이 모든 중생에게 항상 대비를 일으켜 여래의 변함 없는 법을 성취합니다.

불자들이여, 비유하면 어떤 사람이 마니보배를 색옷 가운데 두면 그 마니보배가 비록 옷의 색과 같아지지만 자신의 성품을 버리지 않듯이, 보살마하살도 또한 다시 이와 같아서 지혜를 성취하여 마음의 보배로 삼아 일체 지혜를 관하여 널리 다 밝게 나타내지만 보살의 모든 행을 버리지 않습니다.

何以故 菩薩摩訶薩 發大誓願 利益一切衆生 度脫一切衆
生 承事一切諸佛 嚴淨一切世界 安慰衆生 深入法海 爲淨
衆生界 現大自在 給施衆生 普照世間 入於無邊幻化法門
不退不轉 無疲無厭 佛子 譬如虛空 持衆世界 若成若住
無厭無倦 無羸無朽 無散無壞 無變無異 無有差別 不捨自
性 何以故 虛空自性 法應爾故

무슨 까닭이겠습니까? 보살마하살이 큰 서원을 발하여 일체 중생을 이익 되게 하고, 일체 중생을 제도하여 해탈시키며, 일체 모든 부처님을 받들어 섬기고, 일체 세계를 깨끗하게 장엄하며, 중생을 편안히 위로하여 법 바다에 깊이 들어가게 하고, 중생계를 깨끗하게 하기 위하여 큰 자재함을 나타내어 중생에게 베풀어 주며, 세간을 두루 비추어 끝없는 환화의 법문에 들어가되, 물러남이 없고 바뀜이 없으며 피곤함이 없고 싫증냄이 없습니다.

불자들이여, 비유하면 허공이 여러 세계를 지니되 이루고 머무르는 데에 싫어함이 없고 게으름이 없으며, 여윔이 없고 쇠함이 없으며, 흩어짐이 없고 무너짐이 없으며, 변함이 없고 달라짐이 없으며, 차별이 없어 자체 성품을 버리지 않는 것과 같습니다.

무슨 까닭이겠습니까? 허공의 자체 성품의 법이 마땅히 그러한 까닭입니다.

菩薩摩訶薩 亦復如是 立無量大願 度一切衆生 心無厭倦
佛子 譬如涅槃 去來現在無量衆生 於中滅度 終無厭倦 何
以故 一切諸法 本性淸淨 是謂涅槃 云何於中 而有厭倦
菩薩摩訶薩 亦復如是 爲欲度脫一切衆生 皆令出離 而現
於世 云何而起疲厭之心 佛子 如薩婆若 能令過去未來現
在一切菩薩 於諸佛家 已現當生 乃至令成無上菩提 終不
疲厭

보살마하살도 또한 다시 이와 같아서 한량없는 대원을 세워 일체 중생을 제도하되 마음에 싫어하거나 게으름이 없습니다.

불자들이여, 비유하면 열반은 과거·미래·현재의 한량없는 중생이 그 가운데 멸도하더라도 끝내 싫어하거나 게으름이 없는 것과 같습니다.

무슨 까닭이겠습니까? 일체 모든 법의 청정한 본래 성품을 열반이라 하니 어찌 그 가운데 싫어하거나 게으름이 있겠습니까?

보살마하살도 또한 다시 이와 같아서 일체 중생을 제도하여 해탈시키고 모두로 하여금 벗어나게 하고자 세간에 나타나거늘 어찌 피로해 하거나 싫어하는 마음을 일으키겠습니까?

불자들이여, 마치 살바야가 과거·미래·현재의 일체 보살로 하여금 모든 부처님의 가문에 이미 태어났고 지금 태어나며 앞으로도 태어나서 더 나아가 위 없는 보리를 이루게 하되 끝내 피로해 하거나 싫어하지 않는 것과 같습니다.

何以故 一切智 與法界無二故 於一切法 無所着故 菩薩摩
訶薩 亦復如是 其心平等 住一切智 云何而有疲厭之心 佛
子 此菩薩摩訶薩 有一蓮華 其華廣大 盡十方際 以不可說
葉 不可說寶 不可說香 而爲莊嚴 其不可說寶 復各示現種
種衆寶 淸淨妙好 極善安住 其華 常放衆色光明 普照十方
一切世界 無所障礙 眞金爲網 彌覆其上 寶鐸徐搖 出微妙
音 其音 演暢一切智法

무슨 까닭이겠습니까? 일체 지혜가 법계와 더불어 둘이 아닌 까닭이고, 일체 법에 집착하는 바가 없는 까닭입니다.

보살마하살도 또한 다시 이와 같아서 그 마음이 평등하여 일체 지혜에 머무르거늘 어찌 피로해 하거나 싫어하는 마음이 있겠습니까?

불자들이여, 이 보살마하살에게 한 연꽃이 있어 그 꽃의 광대함이 시방의 경계를 다하고, 불가설 수의 잎과 불가설 수의 보배와 불가설 수의 향으로 장엄하며, 그 불가설 수의 보배가 다시 각각 여러가지 보배를 나타내 보이니, 청정하고 묘하여 극히 편안히 머무릅니다.

그 꽃이 항상 온갖 색의 광명을 놓아서 시방의 일체 세계를 두루 비추되 장애되는 바가 없고, 진금으로 된 그물로 그 위를 덮었으며, 보배 방울이 천천히 흔들려 미묘한 소리를 내니, 그 소리가 일체 지혜의 법을 널리 펴 드날립니다.

此大蓮華 具足如來清淨莊嚴 一切善根之所生起 吉祥爲
表 神力所現 有十千阿僧祇清淨功德 菩薩妙道之所成就
一切智心之所流出 十方佛影 於中顯現 世間瞻仰 猶如佛塔
衆生見者 無不禮敬 從能了幻正法所生 一切世間 不可爲喩
菩薩摩訶薩 於此華上 結跏趺坐 其身大小 與華相稱 一切
諸佛神力所加 令菩薩身一一毛孔 各出百萬億那由他不可說
佛刹微塵數光明 一一光明 現百萬億那由他不可說佛刹微
塵數摩尼寶 其寶 皆名普光明藏

이 큰 연꽃은 여래의 청정한 장엄을 구족하니 일체 선근으로 나온 바여서 길상함을 드러내고, 위신력으로 나타난 바이며, 십천 아승기 수의 청정한 공덕이 있으니 보살의 묘한 도로 성취한 바이고, 일체 지혜의 마음에서 흘러나온 바이며, 시방의 부처님의 그림자가 그 가운데 나타나 세간에서 우러러 보면 마치 부처님 탑과 같아서 보는 중생들마다 예경하지 않음이 없고, 환임을 깨달은 정법으로부터 난 바여서 일체 세간의 것으로는 비유할 수 없습니다.

보살마하살이 이 꽃 위에서 결가부좌를 하니 그 몸의 크기가 꽃과 서로 걸맞습니다.

일체 모든 부처님의 위신력으로 가피한 바로 보살의 몸 낱낱 털구멍마다 각각 백만억 나유타 불가설 수의 부처님세계 가는 티끌 수만큼의 광명을 내고, 낱낱 광명마다 백만억 나유타 불가설 수의 부처님세계 가는 티끌 수만큼의 마니보배를 나타내니, 그 보배를 모두 넓은 광명의 보배장이라 이름합니다.

種種色相 以爲莊嚴 無量功德之所成就 衆寶及華 以爲羅
網 彌覆其上 散百千億那由他殊勝妙香 無量色相 種種莊
嚴 復現不思議寶莊嚴蓋 以覆其上 一一摩尼寶 悉現百萬
億那由他不可說佛刹微塵數樓閣 一一樓閣 現百萬億那由他
不可說佛刹微塵數蓮華藏師子之座 一一獅子座 現百萬億
那由他不可說佛刹微塵數光明 一一光明 現百萬億那由他不
可說佛刹微塵數色相 一一色相 現百萬億那由他不可說佛
刹微塵數光明輪 一一光明輪 現百萬億那由他不可說佛刹
微塵數毘盧遮那摩尼寶華

갖가지 색상으로 장엄함은 한량없는 공덕으로 성취한 바로 써 여러 보배와 꽃으로 비단그물을 만들어 그 위에 두루 덮 고, 백천억 나유타 수의 수승하고 묘한 향을 흩뿌려 한량없는 색상으로 갖가지 장엄을 하며, 다시 부사의한 보배로 장엄한 일산을 나타내어 그 위를 덮습니다.

낱낱 마니보배마다 모두 백만억 나유타 불가설 수의 부 처님세계 가는 티끌 수만큼의 누각을 나타내고, 낱낱 누 각마다 백만억 나유타 불가설 수의 부처님세계 가는 티 끌 수만큼의 연화장 사자좌를 나타내며, 낱낱 사자좌마 다 백만억 나유타 불가설 수의 부처님세계 가는 티끌 수 만큼의 광명을 나타내고, 낱낱 광명마다 백만억 나유타 불가설 수의 부처님세계 가는 티끌 수만큼의 색상을 나 타내며, 낱낱 색상마다 백만억 나유타 불가설 수의 부 처님세계 가는 티끌 수만큼의 광명 바퀴를 나타내고, 낱 낱 광명 바퀴마다 백만억 나유타 불가설 수의 부처님세 계 가는 티끌 수만큼의 비로자나 마니보배꽃을 나타내며,

一一華 現百萬億那由他不可說佛刹微塵數臺 一一臺 現百萬億那由他不可說佛刹微塵數佛 一一佛 現百萬億那由他不可說佛刹微塵數神變 一一神變 淨百萬億那由他不可說佛刹微塵數衆生衆 一一衆生衆中 現百萬億那由他不可說佛刹微塵數諸佛自在 一一自在 雨百萬億那由他不可說佛刹微塵數佛法 一一佛法 有百萬億那由他不可說佛刹微塵數修多羅 一一修多羅 說百萬億那由他不可說佛刹微塵數法門

낱낱 꽃마다 백만억 나유타 불가설 수의 부처님세계 가는 티끌 수만큼의 꽃받침을 나타내고, 낱낱 꽃받침마다 백만억 나유타 불가설 수의 부처님세계 가는 티끌 수만큼의 부처님을 나타내며, 한 분 한 분의 부처님마다 백만억 나유타 불가설 수의 부처님세계 가는 티끌 수만큼의 신통변화를 나타내고, 낱낱 신통변화마다 백만억 나유타 불가설 수의 부처님세계 가는 티끌 수만큼의 중생의 무리를 깨끗이 하며, 낱낱 중생의 무리마다 백만억 나유타 불가설 수의 부처님세계 가는 티끌 수만큼의 모든 부처님의 자재함을 나타내고, 낱낱 자재함마다 백만억 나유타 불가설 수의 부처님세계 가는 티끌 수만큼의 불법을 비 내리듯 하며, 낱낱 불법마다 백만억 나유타 불가설 수의 부처님세계 가는 티끌 수만큼의 수다라가 있고, 낱낱 수다라마다 백만억 나유타 불가설 수의 부처님세계 가는 티끌 수만큼의 법문을 설하며,

一一法門 有百萬億那由他不可說佛刹微塵數金剛智所入法
輪 差別言辭 各別演說 一一法輪 成熟百萬億那由他不可說
佛刹微塵數衆生界 一一衆生界 有百萬億那由他不可說佛
刹微塵數衆生 於佛法中 而得調伏 佛子 菩薩摩訶薩 住此
三昧 示現如是神通境界無量變化 悉知如幻 而不染着 安
住無邊 不可說法 自性淸淨 法界實相 如來種性 無礙際中
無去無來 非先非後 甚深無底

낱낱 법문마다 백만억 나유타 불가설 수의 부처님세계 가
는 티끌 수만큼의 금강 지혜에 들어가는 법륜이 있어 차별
된 말로 각각 다르게 널리 펴 설하고, 낱낱 법륜마다 백만
억 나유타 불가설 수의 부처님세계 가는 티끌 수만큼의 중
생계를 성숙하게 하며, 낱낱 중생계마다 백만억 나유타 불
가설 수의 부처님세계 가는 티끌 수만큼의 중생이 저 불법
가운데 조복함을 얻습니다.

불자들이여, 보살마하살이 이 삼매에 머물러 이와 같은
신통 경계의 한량없는 변화를 나타내 보이되 모두 환과 같
음을 알아서 물들거나 집착하지 않고 끝없는 불가설 수의
법에 편안히 머무릅니다.

자성의 청정함과 법계의 실다운 상과 여래의 종자 성품
이 걸림 없는 경계 가운데 가는 것도 없고 오는 것도 없으
며 먼저도 없고 나중도 없으며 매우 깊어 바닥이 없으니,

現量所得 以智自入 不由他悟 心不迷亂 亦無分別 爲去來
今一切諸佛之所稱讚 從諸佛力之所流出 入於一切諸佛境
界 體性如實 淨眼現證 慧眼普見 成就佛眼 爲世明燈 行於
智眼 所知境界 廣能開示微妙法門 成菩提心 趣勝丈夫 於
諸境界 無有障礙 入智種性 出生諸智 離世生法 而現受生
神通變化 方便調伏

현량(現量)*으로 얻은 바여서 지혜로 스스로 들어가는 것이지 그 밖의 깨달음으로 말미암는 것이 아니어서 마음이 미혹하거나 어지럽지 않고 또한 분별도 없습니다.

과거와 미래와 현재의 일체 모든 부처님께서 칭찬하시는 바가 되고 모든 부처님의 힘으로부터 흘러나온 바여서 일체 모든 부처님의 경계에 들어갑니다.

성품의 몸이 여실하여 깨끗한 눈으로 증득함을 나타내고, 혜의 눈[慧眼]으로 널리 보아 부처님 눈을 성취하여 세상의 밝은 등불이 되며, 지의 눈[智眼]으로 아는 경계를 행하여 널리 미묘한 법문을 열어 보입니다.

보리심을 성취하여 수승한 장부로 나아가니, 모든 경계에 장애가 없고, 지혜의 종자 성품에 들어가 모든 지혜를 내며, 세간에 나는 법을 여의되 수생함을 나타내고 신통변화와 방편으로 조복시킵니다.

如是一切 無非善巧 功德解欲 悉皆淸淨 最極微妙 具足圓
滿 智慧廣大 猶如虛空 善能觀察衆聖境界 信行願力 堅固
不動 功德無盡 世所稱歎 於一切佛所觀之藏 大菩提處 一
切智海 集衆妙寶 爲大智者 猶如蓮華 自性淸淨 衆生見者
皆生歡喜 咸得利益 智光普照 見無量佛 淨一切法 所行寂
靜 於諸佛法 究竟無礙

이와 같은 일체가 공교하지 않은 것이 없고, 깨닫고자 하는 공덕이 모두 다 청정하여 가장 극히 미묘함을 원만하게 구족하며, 지혜의 광대함이 마치 허공과 같아서 여러 성인의 경계를 잘 관찰하고, 믿음의 행과 원력이 견고하여 움직이지 않으며, 공덕이 다함 없어 세간에서 칭찬하는 바가 됩니다.

일체 부처님께서 관하신 바인 보배장과 큰 보리의 처소인 일체 지혜 바다에서 온갖 묘한 보배를 모아 큰 지혜 있는 이가 되니, 마치 연꽃의 자성이 청정한 것과 같이 보는 중생이 모두 환희하여 이익을 얻습니다.

지혜의 광명을 널리 비추어 한량없는 부처님을 뵙고 일체 법이 깨끗해지며 행하는 바가 적정하여 모든 불법이 구경에 걸림이 없습니다.

恒以方便 住佛菩提功德行中 而得出生 具菩薩智 爲菩薩
首 一切諸佛 共所護念 得佛威神 成佛法身 念力難思 於
境一緣 而無所緣 其行廣大 無相無礙 等於法界 無量無邊
所證菩提 猶如虛空 無有邊際 無所縛着 於諸世間 普作饒
益 一切智海善根所流 悉能通達無量境界 已善成就淸淨施
法 住菩薩心 淨菩薩種 能隨順生諸佛菩提 於諸佛法 皆得
善巧 具微妙行 成堅固力

항상 방편으로 부처님의 보리와 공덕의 행 가운데 머물러 출생하게 되니, 보살의 지혜를 갖추고 보살의 상수가 되어 일체 모든 부처님께서 함께 호념하시는 바가 됩니다.

부처님의 위신력을 얻어 부처님의 법신을 이루고, 헤아릴 수 없는 염력으로 경계에 한결같이 반연하되 반연하는 바가 없으며, 그 행이 광대하여 상도 없고 걸림도 없음이 법계와 같아서 한량없고 끝이 없습니다.

증득한 바의 보리가 마치 허공과 같아서 끝 간 데가 없어 얽매여 집착한 바가 없고, 모든 세간을 널리 이익되게 하며, 일체 지혜 바다가 선근에서 흘러나와 한량없는 경계를 모두 통달합니다.

청정하게 보시하는 법을 잘 성취하고 나서는 보살의 마음에 머물러서 보살의 종자를 깨끗이 하여 모든 부처님의 보리를 내어 수순하고, 모든 불법에 다 공교함을 얻어서 미묘한 행을 갖추어 견고한 힘을 이룹니다.

一切諸佛 自在威神 衆生 難聞 菩薩 悉知 入不二門 住無相法 雖復永捨一切諸相 而能廣說種種諸法 隨諸衆生 心樂欲解 悉使調伏 咸令歡喜 法界爲身 無有分別 智慧境界 不可窮盡 志常勇猛 心恒平等 見一切佛 功德邊際 了一切劫差別次第 開示一切法 安住一切刹 嚴淨一切諸佛國土 顯現一切正法光明 演去來今一切佛法 示諸菩薩所住之處

일체 모든 부처님의 자재한 위신력은 중생이 듣기 어렵거늘 보살이 모두 알고 둘 아닌 문에 들어가 상이 없는 법에 머무르니, 비록 다시 일체 모든 상을 영원히 버리지만 갖가지 모든 법을 널리 펴 설하고, 모든 중생의 마음에 즐거워함과 알고자 함을 따라 조복시켜서 모두 환희하게 합니다.

법계를 몸으로 삼으니 분별이 없고 지혜의 경계가 다함이 없으며 뜻이 항상 용맹하고 마음이 항상 평등합니다.

일체 부처님 공덕의 끝을 보고, 일체 겁의 차별과 차례를 알며, 일체 법을 열어 보이고, 일체 세계에 편안히 머무르며, 일체 모든 불국토를 청정하게 장엄하고, 일체 정법의 광명을 나타내며, 과거와 미래와 현재의 일체 불법을 널리 펴고, 모든 보살이 머무르는 곳을 보입니다.

爲世明燈 生諸善根 永離世間 常生佛所 得佛智慧 明了第
一 一切諸佛 皆共攝受 已入未來諸佛之數 從諸善友 而得
出生 所有志求 皆無不果 具大威德 住增上意 隨所聽聞 咸
能善說 亦爲開示聞法善根 住實際輪 於一切法 心無障礙
不捨諸行 離諸分別 於一切法 心無動念

세간의 밝은 등불이 되어 모든 선근을 내고, 세간을 영원히 여의어 항상 부처님 처소에 나며, 부처님의 지혜를 얻어 제일로 명료합니다.

일체 모든 부처님께서 다 함께 거두어 주시어 이미 미래의 모든 부처님의 수효에 들어가 모든 착한 벗을 따라 출생하고, 모든 뜻을 구함에 다 이루지 못함이 없습니다.

큰 위덕을 갖추어 뛰어난 뜻에 머무르고, 들은 바를 따라서 모두 잘 설하며, 또한 법을 듣는 선근을 열어 보입니다.

실제의 굴림에 머물러서 일체 법에 대하여 마음에 장애됨이 없고, 모든 행을 버리지 않으면서 모든 분별을 여의어 일체 법에 대하여 마음에 움직이는 생각이 없습니다.

得智慧明 滅諸癡闇 悉能明照一切佛法 不壞諸有 而生其中
了知一切諸有境界 從本已來 無有動作 身語意業 皆悉無
邊 雖隨世俗 演說種種無量文字 而恒不壞離文字法 深入
佛海 知一切法 但有假名 於諸境界 無繫無着 了一切法 空
無所有 所修諸行 從法界生 猶如虛空 無相無形

지혜의 밝음을 얻어서 모든 어리석음의 어둠을 멸하고 일체 불법을 모두 밝게 비추되, 모든 유루 세계를 무너뜨리지 않고 그 가운데 나서 일체 모든 유루 세계의 경계를 밝게 압니다.

근본을 따라 왔으므로 움직임이 없으나 몸과 말과 뜻의 업이 모두 끝이 없고, 비록 세속을 따라서 갖가지 한량없는 문자를 널리 펴 설하지만 항상 문자를 여읜 법을 무너뜨리지 않습니다.

부처님의 바다에 깊이 들어가서 일체 법이 다만 거짓 이름일 뿐임을 알아 모든 경계에 얽매임도 없고 집착함도 없으며, 일체 법이 공하여 있는 바가 없음을 알아서 닦는 모든 행이 법계로부터 생겨나니 마치 허공이 모양이 없고 형체가 없는 것과 같습니다.

深入法界 隨順演說 於一境門 生一切智 觀十力地 以智修
學 智爲橋梁 至薩婆若 以智慧眼 見法無礙 善入諸地 知種
種義 一一法門 悉得明了 所有大願 靡不成就 佛子 菩薩摩
訶薩 以此開示一切如來無差別性 此是無礙方便之門 此能
出生菩薩衆會 此法 唯是三昧境界 此能勇進入薩婆若 此
能開顯諸三昧門 此能無礙普入諸刹 此能調伏一切衆生 此
能住於無衆生際 此能開示一切佛法 此於境界 皆無所得

법계에 깊이 들어가서 널리 펴 설함을 수순하고, 한 경계문에서 일체 지혜를 내어 십력의 경지를 관하며, 지혜로 닦아 배우고 지혜를 교량으로 삼아 살바야에 이르르고, 지혜의 눈으로 걸림 없는 법을 보아 모든 지위에 잘 들어가 갖가지 뜻을 알며, 낱낱의 법문에 모두 명료함을 얻어 모든 대원을 성취하지 않음이 없습니다.

　불자들이여, 보살마하살이 이로써 일체 여래의 차별 없는 성품을 열어 보이니, 이것이 걸림 없는 방편의 문이고, 이것이 보살의 대중 모임을 내며, 이 법이 오직 삼매의 경계이고, 이것으로 용맹하게 살바야에 들어가며, 이것으로 모든 삼매의 문을 열어 나타내고, 이것으로 걸림 없이 널리 모든 세계에 들어가며, 이것으로 일체 중생을 조복시키고, 이것으로 중생이 없는 경계에 머무르며, 이것으로 일체 불법을 열어 보이지만, 이 경계에는 모두 얻은 바가 없습니다.

雖一切時 演說開示 而恒遠離妄想分別 雖知諸法 皆無所
作 而能示現一切作業 雖知諸佛 無有二相 而能顯示一切
諸佛 雖知無色 而演說諸色 雖知無受 而演說諸受 雖知無
想 而演說諸想 雖知無行 而演說諸行 雖知無識 而演說諸
識 恒以法輪 開示一切 雖知法無生 而常轉法輪 雖知法無
差別 而說諸差別門 雖知諸法 無有生滅 而說一切生滅之
相 雖知諸法 無麤無細 而說諸法麤細之相 雖知諸法 無上
中下 而能宣說最上之法

비록 일체 때에 널리 펴 설하여 열어 보이나 항상 망상과 분별을 멀리 여의고, 비록 모든 법이 다 지은 바 없음을 아나 일체 짓는 업을 나타내 보이며, 비록 모든 부처님은 두 가지 상이 없음을 아나 일체 모든 부처님을 나타내 보이고, 비록 색이 없음을 아나 모든 색을 널리 펴 설하며, 비록 받음이 없음을 아나 모든 받음을 널리 펴 설하고, 비록 생각이 없음을 아나 모든 생각을 널리 펴 설하며, 비록 행함이 없음을 아나 모든 행을 널리 펴 설하고, 비록 분별함이 없음을 아나 모든 분별을 널리 펴 설하여 항상 법륜으로써 일체를 열어 보이며, 비록 법이 남이 없음〔無生〕을 아나 항상 법륜을 굴리고, 비록 법이 차별이 없음을 아나 모든 차별문을 설하며, 비록 모든 법이 생멸이 없음을 아나 일체 생멸의 상을 설하고, 비록 모든 법에 거칠고 미세함이 없음을 아나 모든 법의 거칠고 미세한 상을 설하며, 비록 모든 법이 상·중·하가 없음을 아나 최상의 법을 널리 펴 설하고,

雖知諸法 不可言說 而能演說清淨言辭 雖知諸法 無內無外 而說一切內外諸法 雖知諸法 不可了知 而說種種智慧觀察 雖知諸法 無有眞實 而說出離眞實之道 雖知諸法 畢竟無盡 而能演說盡諸有漏 雖知諸法 無違無諍 然亦不無自他差別 雖知諸法 畢竟無師 而常尊敬一切師長 雖知諸法 不由他悟 而常尊敬諸善知識 雖知法無轉 而轉法輪 雖知諸法無起 而示諸因緣

비록 모든 법이 말로 설할 수 없음을 아나 청정한 말로 널리 펴 설하며, 비록 모든 법이 안도 없고 밖도 없음을 아나 일체 안과 밖의 모든 법을 설하고, 비록 모든 법이 깨달아 알 것도 없음을 아나 갖가지 지혜로 관찰하여 설하며, 비록 모든 법이 참답고 실다움도 없음을 아나 세간을 벗어나는 참답고 실다운 도를 설하고, 비록 모든 법이 결국에는 다함이 없음을 아나 모든 유루가 다함을 널리 펴 설하며, 비록 모든 법이 어김이 없고 다툼이 없음을 아나 또한 자신과 남이라는 차별이 없지 않고, 비록 모든 법이 결국에는 스승이라 할 것도 없음을 아나 항상 일체 스승과 어른을 존경하며, 비록 모든 법이 그 밖의 깨달음을 말미암지 않음을 아나 항상 모든 선지식을 존경하고, 비록 법에 굴림이 없음을 아나 법륜을 굴리며, 비록 모든 법이 일어남이 없음을 아나 모든 인연을 보이고,

雖知諸法 無有前際 而廣說過去 雖知諸法 無有後際 而廣
說未來 雖知諸法 無有中際 而廣說現在 雖知諸法 無有作
者 而說諸作業 雖知諸法 無有因緣 而說諸集因 雖知諸法
無有等比 而說平等不平等道 雖知諸法 無有言說 而決定
說三世之法 雖知諸法 無有所依 而說依善法 而得出離 雖
知法無身 而廣說法身 雖知三世諸佛無邊 而能演說唯有一
佛 雖知法無色 而現種種色

비록 모든 법이 과거가 없음을 아나 과거를 널리 펴 설하며, 비록 모든 법이 미래가 없음을 아나 미래를 널리 설하고, 비록 모든 법이 현재가 없음을 아나 현재를 널리 설하며, 비록 모든 법이 지을 것이 없음을 아나 모든 업을 지음을 설하고, 비록 모든 법이 인연이 없음을 아나 모든 인으로 모이는 것을 설하며, 비록 모든 법이 견줄 것이 없음을 아나 평등하고 평등하지 않은 도를 설하고, 비록 모든 법이 언설이 없음을 아나 삼세의 법을 결정하여 설하며, 비록 모든 법이 의지한 바 없음을 아나 착한 법을 의지하여 벗어남을 설하고, 비록 법은 몸이 없음을 아나 법의 몸을 널리 설하며, 비록 삼세의 모든 부처님이 끝이 없음을 아나 오직 한 부처님만 계심을 널리 펴 설하고, 비록 법이 색이 없음을 아나 갖가지 색을 나타내며,

雖知法無見 而廣說諸見 雖知法無相 而說種種相 雖知諸法 無有境界 而廣宣說智慧境界 雖知諸法 無有差別 而說行果種種差別 雖知諸法 無有出離 而說淸淨諸出離行 雖知諸法 本來常住 而說一切諸流轉法 雖知諸法 無有照明 而恒廣說照明之法 佛子 菩薩摩訶薩 入如是大威德三昧智輪 則能證得一切佛法 則能趣入一切佛法 則能成就 則能圓滿 則能積集 則能淸淨 則能安住 則能了達 與一切法自性相應 而此菩薩摩訶薩 不作是念 有若干諸菩薩 若干菩薩法 若干菩薩究竟

비록 법에는 보는 것이 없음을 아나 모든 봄을 널리 설하고, 비록 법이 상이 없음을 아나 갖가지 상을 설하며, 비록 모든 법이 경계가 없음을 아나 지혜의 경계를 널리 베풀어 설하고, 비록 모든 법이 차별이 없음을 아나 행과 과보의 갖가지 차별을 설하며, 비록 모든 법이 벗어남이 없음을 아나 청정하여 모든 것에서 벗어나는 행을 설하고, 비록 모든 법이 본래 항상 머무름을 아나 일체 모든 유전(流轉)*의 법을 설하며, 비록 모든 법이 밝게 비춤도 없음을 아나 항상 밝게 비추는 법을 널리 설합니다.

불자들이여, 보살마하살이 이와 같은 큰 위덕의 삼매 지혜 바퀴에 들어가서 곧 일체 불법을 증득하고, 곧 일체 불법에 나아가며, 곧 성취하고, 곧 원만히 하며, 곧 모으고, 곧 청정히 하며, 곧 편안히 머무르고, 곧 요달하여 일체 법의 자성과 서로 응하지만, 이 보살마하살은 약간의 모든 보살과 약간의 보살의 법과 약간의 보살의 구경과

若干幻究竟 若干化究竟 若干神通成就 若干智成就 若干
思惟 若干證入 若干趣向 若干境界 何以故 菩薩三昧 如是
體性 如是無邊 如是殊勝故 此三昧 種種境界 種種威力
種種深入 所謂入不可說智門 入離分別諸莊嚴 入無邊殊勝
波羅蜜 入無數禪定 入百千億那由他不可說廣大智 入見無
邊佛勝妙藏 入於境界不休息 入淸淨信解助道法 入諸根
猛利大神通

약간의 환의 구경과 약간의 화함의 구경과 약간의 신통을 성취함과 약간의 지혜를 성취함과 약간의 사유함과 약간의 증득하여 들어감과 약간의 향함과 약간의 경계가 있음을 생각하지도 않습니다.

무슨 까닭이겠습니까? 보살의 삼매가 이러-한 성품의 몸이고, 이러-히 가없으며, 이러-히 수승한 까닭입니다.

이 삼매는 갖가지 경계와 갖가지 위력과 갖가지 깊이 들어감이니, 불가설 수의 지혜의 문에 들어가고, 분별을 여읜 모든 장엄에 들어가며, 끝없고 수승한 바라밀에 들어가고, 셀 수 없는 선정에 들어가며, 백천억 나유타 불가설 수의 광대한 지혜에 들어가고, 끝없는 부처님의 뛰어나고 묘한 보배장을 보는 것에 들어가며, 쉬지 않는 경계에 들어가고, 청정하게 믿는 지혜로 도를 돕는 법에 들어가며, 모든 근이 용맹하고 예리한 큰 신통에 들어가고,

入於境界心無礙　入見一切佛平等眼　入積集普賢勝志行　入
住那羅延妙智身　入說如來智慧海　入起無量種自在神變　入
生一切佛無盡智門　入住一切佛現前境界　入淨普賢菩薩自在
智　入開示無比普門智　入普知法界一切微細境界　入普現法
界一切微細境界　入一切殊勝智光明　入一切自在邊際　入一
切辯才法門際　入徧法界智慧身　入成就一切處徧行道　入善
住一切差別三昧　入知一切諸佛心

걸림 없는 마음의 경계에 들어가며, 일체 부처님의 평등한 눈을 보는 것에 들어가고, 보현의 뛰어난 뜻과 행을 모으는 것에 들어가며, 나라연의 묘한 지혜의 몸에 머무르는 것에 들어가고, 여래의 지혜 바다를 설하는 것에 들어가며, 한량없는 종류의 자재한 신통변화를 일으키는 것에 들어가고, 일체 부처님의 다함 없는 지혜의 문을 내는 것에 들어가며, 일체 부처님께서 목전에 나타나시는 경계에 머무르는 것에 들어가고, 보현보살의 자재한 지혜를 깨끗이 하는 것에 들어가며, 비할 데 없는 넓은 문의 지혜를 열어 보이는 것에 들어가고, 법계의 일체 미세한 경계를 널리 아는 것에 들어가며, 법계의 일체 미세한 경계를 널리 나타내는 것에 들어가고, 일체 수승한 지혜의 광명에 들어가며, 일체 자재한 끝 경계에 들어가고, 일체 변재의 법문 경계에 들어가며, 법계에 두루한 지혜의 몸에 들어가고, 일체 곳에 두루 행하는 도를 성취하는 것에 들어가며, 일체 차별된 삼매에 잘 머무르는 것에 들어가고, 일체 모든 부처님의 마음을 아는 것에 들어갑니다.

佛子　此菩薩摩訶薩　住普賢行　念念入百億不可說三昧　然
不見普賢菩薩三昧　及佛境界莊嚴前際　何以故　知一切法究
竟無盡故　知一切佛刹無邊故　知一切衆生界不思議故　知前
際無始故　知未來無窮故　知現在盡虛空徧法界無邊故　知一
切諸佛境界不可思議故　知一切菩薩行無數故　知一切諸佛
辯才所說境界不可說無邊故　知一切幻心所緣法無量故

불자들이여, 이 보살마하살이 보현의 행에 머물러 생각마다 백억 불가설 수의 삼매에 들어가더라도 보현보살의 삼매와 부처님 경계로 장엄한 과거는 보지 못하니, 무슨 까닭이겠습니까? 일체 법이 구경에 다함이 없음을 아는 까닭이고, 일체 부처님세계가 끝이 없음을 아는 까닭이며, 일체 중생계가 부사의함을 아는 까닭이고, 과거가 비롯함이 없음을 아는 까닭이며, 미래가 다함이 없음을 아는 까닭이고, 현재가 온 허공과 법계에 두루하여 끝이 없음을 아는 까닭이며, 일체 모든 부처님의 경계가 불가사의함을 아는 까닭이고, 일체 보살의 행이 셀 수 없음을 아는 까닭이며, 일체 모든 부처님의 변재로 설하는 경계가 불가설 수로 끝이 없음을 아는 까닭이고, 일체 환의 마음으로 반연한 바의 법이 한량없음을 아는 까닭입니다.

佛子 如如意珠 隨有所求 一切皆得 求者無盡 意皆滿足 而
珠勢力 終不匱止 菩薩摩訶薩 亦復如是 入此三昧 知心如
幻 出生一切諸法境界 周徧無盡 不匱不息 何以故 菩薩摩
訶薩 成就普賢無礙行智 觀察無量廣大幻境 猶如影像 無
增減故 佛子 譬如凡夫 各別生心 已生現生 及以當生 無有
邊際 無斷無盡 其心流轉 相續不絶 不可思議 菩薩摩訶薩
亦復如是 入此普幻門三昧 無有邊際 不可測量

불자들이여, 마치 여의주가 구하는 바를 따라 일체를 모두 얻게 하고 구하는 이의 다함이 없는 뜻을 모두 만족시키지만 여의주의 힘은 끝내 다하여 없어지지 않듯이, 보살마하살도 또한 다시 이와 같아서 이 삼매에 들어가 마음이 환과 같음을 알아 일체 모든 법의 경계를 내어 두루 다함이 없지만 없어지지도 않고 쉬지도 않습니다.

무슨 까닭이겠습니까? 보살마하살이 보현의 걸림 없는 행과 지혜를 성취하여 한량없고 광대한 환의 경계가 마치 영상과 같아서 늘어나거나 줄어듦이 없음을 관찰하는 까닭입니다.

불자들이여, 비유하면 범부들이 각각 다르게 마음을 내되 이미 내었고 지금도 내고 있고 앞으로도 낼 것이 끝이 없어 끊어짐도 없고 다함도 없으며 그 마음이 유전하여 끊임 없이 서로 이어져 불가사의한 것과 같이, 보살마하살도 또한 다시 이와 같아서 이 넓은 환의 문의 삼매에 들어가서는 끝이 없어 측량할 수도 없습니다.

何以故 了達普賢菩薩 普幻門無量法故 佛子 譬如難陀跋難
陀摩那斯龍王 及餘大龍 降雨之時 滴如車軸 無有邊際 雖
如是雨 雲終不盡 此是諸龍 無作境界 菩薩摩訶薩 亦復如
是 住此三昧 入普賢菩薩諸三昧門 智門 法門 見諸佛門 往
諸方門 心自在門 加持門 神變門 神通門 幻化門 諸法如幻
門 不可說不可說諸菩薩充滿門 親近不可說不可說佛刹微塵
數如來正覺門 入不可說不可說廣大幻網門

무슨 까닭이겠습니까? 보현보살의 넓은 환의 문이 한량 없는 법임을 요달하는 까닭입니다.

불자들이여, 비유하면 난타*, 발난타*, 마나사* 용왕과 나머지 큰 용왕들이 비를 내릴 때에 빗방울이 수레의 축과 같이 끝이 없고, 비록 이와 같이 비를 내리더라도 구름은 끝내 다함이 없는 것과 같으니, 이것이 이 모든 용의 지은 바 없는 경계입니다.

보살마하살도 또한 다시 이와 같아서 이 삼매에 머물러서는 보현보살의 모든 삼매의 문과 지혜의 문과 법의 문과 모든 부처님을 보는 문과 모든 방위에 가는 문과 마음을 자재하는 문과 가피의 문과 신통변화의 문과 신통의 문과 환화의 문과 모든 법이 환과 같은 문과 불가설불가설 수의 모든 보살이 가득한 문과 불가설불가설 수의 부처님 세계 가는 티끌 수만큼의 여래를 친근히 하는 정각의 문과 불가설불가설 수의 광대한 환의 그물에 들어가는 문과

知不可說不可說差別廣大佛刹門 知不可說不可說有體性無
體性世界門 知不可說不可說衆生想門 知不可說不可說時劫
差別門 知不可說不可說世界成壞門 知不可說不可說覆住仰
住諸佛刹門 於一念中 皆如實知 如是入時 無有邊際 無有
窮盡 不疲不厭 不斷不息 無退無失 於諸法中 不住非處 恒
正思惟 不沈不擧 求一切智 常無退捨 爲一切佛刹 照世明
燈 轉不可說不可說法輪 以妙辯才 諮問如來 無窮盡時 示
成佛道 無有邊際

불가설불가설 수의 차별되고 광대한 부처님세계를 아는 문과 불가설불가설 수의 성품의 몸이 있고 성품의 몸이 없는 세계를 아는 문과 불가설불가설 수의 중생의 생각을 아는 문과 불가설불가설 수의 시간과 겁의 차별을 아는 문과 불가설불가설 수의 세계가 이루어지고 무너짐을 아는 문과 불가설불가설 수의 엎어져서 머무르고 우러러서 머무르는 모든 부처님세계를 아는 문을 온통인 생각 가운데 모두 여실하게 압니다.

이와 같이 들어갈 때에 끝이 없고 다함이 없으며, 피로해 하지도 않고 싫어하지도 않으며, 끊지도 않고 쉬지도 않으며, 물러남도 없고 잃음도 없으며, 모든 법 가운데 곳이 아닌 데에 머무르지도 않으며, 항상 바르게 사유하여 혼침하지도 않고 들뜨지도 않으며, 일체 지혜를 구하되 항상 물러나거나 버리지 않으며, 일체 부처님세계에서 세간을 비추는 밝은 등불이 되어 불가설불가설 수의 법륜을 굴리며, 묘한 변재로 여래께 묻되 다할 때가 없으며, 부처님의 도를 이루어 보이되 끝이 없습니다.

調伏衆生 恒無廢捨 常勤修習普賢行願 未曾休息 示現無量不可說不可說色相身 無有斷絶 何以故 譬如燃火 隨所有緣 於爾所時 火起不息 菩薩摩訶薩 亦復如是 觀察衆生界法界世界 猶如虛空 無有邊際 乃至能於一念之頃 往不可說不可說佛刹微塵數佛所 一一佛所 入不可說不可說一切智種種差別法 令不可說不可說衆生界 出家爲道 勤修善根 究竟淸淨 令不可說不可說菩薩 於普賢行願 未決定者 而得決定

중생들을 조복시키되 항상 버리지 않고, 항상 부지런히 보현의 서원행을 닦아 익히되 일찍이 쉬지 않으며, 무량 불가설불가설 수의 색상의 몸을 나타내 보이되 끊어짐이 없습니다.

무슨 까닭이겠습니까? 비유하면 타오르는 불이 모든 인연을 따를 때 불이 쉬지 않고 일어나듯이, 보살마하살도 또한 다시 이와 같아서 중생계와 법계와 세계가 마치 허공과 같아 끝이 없음을 관찰하고 더 나아가서 온통인 생각으로 불가설불가설 수의 부처님세계 가는 티끌 수만큼의 부처님 처소에 갑니다.

한 분 한 분 부처님 처소에서 불가설불가설 수의 일체 지혜의 갖가지 차별된 법에 들어가고, 불가설불가설 수의 중생계로 하여금 도를 위해 출가하고 부지런히 선근을 닦아서 구경에 청정하게 하며, 불가설불가설 수의 보살로 하여금 보현의 서원행을 결정하지 못한 이는 결정을 얻게 하고,

安住普賢智慧之門 以無量方便 入不可說不可說三世成住壞
廣大差別劫 於不可說不可說成住壞世間差別境界 起於爾
所大悲大願 調伏無量一切衆生 悉使無餘 何以故 此菩薩
摩訶薩 爲欲度脫一切衆生 修普賢行 生普賢智 滿足普賢
所有行願 是故 諸菩薩 應於如是種類 如是境界 如是威德
如是廣大 如是無量 如是不思議 如是普照明 如是一切諸
佛現前住 如是一切如來所護念 如是成就往昔善根 如是其
心無礙不動三昧之中 勤加修習

보현의 지혜의 문에 편안히 머물러 한량없는 방편으로 불가설불가설 수의 삼세가 이루어지고 머무르며 무너지는 광대하고 차별된 겁에 들어가며, 불가설불가설 수의 이루어지고 머무르며 무너지는 세간의 차별된 경계에서 대비와 대원을 일으켜서 한량없는 일체 중생을 조복시켜 모두 남음이 없게 합니다.

무슨 까닭이겠습니까? 이 보살마하살이 일체 중생을 제도하여 해탈시키고자 보현의 행을 닦고, 보현의 지혜를 내며, 보현의 모든 서원행을 원만히 구족합니다.

이런 까닭으로 모든 보살은 이와 같은 종류와 이와 같은 경계와 이와 같은 위덕과 이와 같은 광대함과 이와 같은 한량없음과 이와 같은 부사의함과 이와 같은 두루 밝게 비춤과 이와 같은 일체 모든 부처님의 목전에 나타나 머무름과 이와 같은 일체 여래의 호념하심과 이와 같은 지나간 옛적의 선근을 성취함과 이와 같은 그 마음이 걸림이 없어 부동의 삼매 가운데 부지런히 닦아 익힘을 더하되,

離諸熱惱 無有疲厭 心不退轉 立深志樂 勇猛無怯 順三昧境界 入難思智地 不依文字 不着世間 不取諸法 不起分別 不染着世事 不分別境界 於諸法智 但應安住 不應稱量 所謂親近一切智 悟解佛菩提 成就法光明 施與一切衆生善根 於魔界中 拔出衆生 令其得入佛法境界 令不捨大願 勤觀出道 增廣淨境 成就諸度 於一切佛 深生信解

모든 뜨거운 번뇌를 여의어 피로해 하거나 싫어하는 마음이 없고 퇴전하는 마음이 없으며, 깊은 뜻의 즐거움을 세워 용맹하고 겁이 없으며, 삼매의 경계를 따라 생각하기 어려운 지혜의 지위에 들어갑니다.

문자를 의지하지 않고 세간에 집착하지 않으며, 모든 법을 취하지 않고 분별을 일으키지 않으며, 세간의 일에 물들거나 집착하지 않고 경계를 분별하지도 않아 모든 법의 지혜에 다만 편안히 머무를 뿐 헤아리지 않으니, 일체 지혜를 친근히 하여 부처님의 보리를 깨달아서 법의 광명을 성취하고 일체 중생에게 선근을 베풀어 줍니다.

마군의 경계 가운데에서 중생들을 건져내어 그들로 하여금 불법의 경계에 들어가게 하고, 대원을 버리지 않아 부지런히 나아갈 길을 관하며, 깨끗한 경계를 더 넓히고 모든 법도를 성취하여서 일체 부처님을 깊이 믿는 지혜를 냅니다.

常應觀察一切法性 無時暫捨 應知自身 與諸法性 普皆平
等 應當明解世間所作 示其如法智慧方便 應常精進 無有休
息 應觀自身 善根鮮少 應勤增長他諸善根 應自修行一切智
道 應勤增長菩薩境界 應樂親近諸善知識 應與同行 而共
止住 應不分別佛 應不捨離念 應常安住平等法界 應知一
切心識如幻 應知世間諸行如夢 應知諸佛 願力出現 猶如
影像 應知一切諸廣大業 猶如變化 應知言語 悉皆如響 應
觀諸法 一切如幻

항상 일체 법성은 잠시라도 버릴 수 없음을 관찰하고, 자신과 모든 법성이 널리 모두 평등함을 알며, 세간의 짓는 바를 밝게 알아 그 법대로 지혜와 방편을 보이고, 항상 정진하되 휴식함이 없으며, 자신의 선근이 적음을 관하고, 부지런히 다른 이의 모든 선근을 더욱 더하게 하며, 스스로 일체 지혜의 도를 닦아 행하고, 부지런히 보살의 경계를 더욱 더하며, 모든 선지식을 친근히 하기를 즐거워하고, 같이 수행하는 이와 함께 머무르며, 부처님을 분별하지 않고, 생각을 여의거나 버리지 않으며, 항상 평등한 법계에 편안히 머무르고, 일체 심식(心識)*이 환과 같음을 알며, 세간의 모든 행이 꿈과 같음을 알고, 모든 부처님의 원력으로 출현함이 마치 영상과 같음을 알며, 일체 모든 광대한 업이 마치 변하여 화함과 같음을 알고, 말이 모두 메아리와 같음을 알며, 모든 법이 일체 환과 같음을 관하고,

應知一切生滅之法 皆如音聲 應知所往一切佛刹 皆無體性
應爲請問如來佛法 不生疲倦 應爲開悟一切世間 勤加敎誨
而不捨離 應爲調伏一切衆生 知時說法 而不休息 佛子 菩
薩摩訶薩 如是修行普賢之行 如是圓滿菩薩境界 如是通達
出離之道 如是受持三世佛法 如是觀察一切智門 如是思惟
不變異法 如是明潔增上志樂 如是信解一切如來 如是了知
佛廣大力 如是決定無所礙心 如是攝受一切衆生

일체 나고 멸하는 법이 모두 음성과 같음을 알며, 가는 곳마다 일체 부처님세계가 모두 성품의 몸이 없음을 알고, 여래께 불법을 청하여 묻되 피로해 하거나 싫증내지 않으며, 일체 세간을 깨닫게 하되 부지런히 가르침을 더하여 여의어 버리지 않고, 일체 중생을 조복시키되 때를 알아 법을 설함을 쉬지 않습니다.

불자들이여, 보살마하살이 이와 같이 보현의 행을 닦아 행하고, 이와 같이 보살의 경계를 원만하게 하며, 이와 같이 세간을 벗어나는 도를 통달하고, 이와 같이 삼세의 불법을 받아 지니며, 이와 같이 일체 지혜의 문을 관찰하고, 이와 같이 변하거나 달라지지 않는 법을 사유하며, 이와 같이 뜻의 즐거움을 더 맑고 깨끗하게 하고, 이와 같이 일체 여래를 믿어 알며, 이와 같이 부처님의 광대한 힘을 밝게 알고, 이와 같이 걸림이 없는 마음을 결정하며, 이와 같이 일체 중생을 거두어 줍니다.

佛子 菩薩摩訶薩 入普賢菩薩所住如是大智慧三昧時 十方
各有不可說不可說國土 一一國土 各有不可說不可說佛刹微
塵數如來名號 一一名號 各有不可說不可說佛刹微塵數諸
佛 而現其前 與如來念力 令不忘失如來境界 與一切法究
竟慧 令入一切智 與知一切法種種義決定慧 令受持一切佛
法 趣入無礙 與無上佛菩提 令入一切智 開悟法界 與菩薩
究竟慧 令得一切法光明 無諸黑闇 與菩薩不退智 令知時
非時善巧方便 調伏眾生

불자들이여, 보살마하살이 보현보살이 머무른 이와 같은 큰 지혜의 삼매에 들어갈 때에 시방으로 각각 불가설불가설 수의 국토가 있고, 낱낱의 국토에 각각 불가설불가설 수의 부처님세계 가는 티끌 수만큼의 여래의 명호가 있으며, 낱낱의 명호에 각각 불가설불가설 수의 부처님세계 가는 티끌 수만큼의 모든 부처님께서 계시어 그 앞에 나타나셔서, 여래의 염력을 베풀어 여래의 경계를 잊지 않게 하시고, 일체 법의 구경의 지혜를 베풀어 일체 지혜에 들어가게 하시며, 일체 법의 갖가지 뜻을 아는 결정한 지혜를 베풀어 일체 불법을 받아 지녀서 걸림 없음에 들어가게 하시고, 위 없는 부처님 보리를 베풀어 일체 지혜에 들어가 법계를 깨닫게 하시며, 보살의 구경의 지혜를 베풀어 일체 법의 광명을 얻어서 모든 어둠을 없게 하시고, 보살의 물러남이 없는 지혜를 베풀어 때와 때 아님을 아는 공교한 방편으로 중생을 조복하게 하시며,

與無障礙菩薩辯才 令悟解無邊法 演說無盡 與神通變化
力 令現不可說不可說差別身 無邊色相 種種不同 開悟衆
生 與圓滿言音 令現不可說不可說差別音聲 種種言辭 開悟
衆生 與不唐捐力 令一切衆生 若得見形 若得聞法 皆悉成
就 無空過者 佛子 菩薩摩訶薩 如是滿足普賢行故 得如來
力 淨出離道 滿一切智 以無礙辯才 神通變化 究竟調伏一
切衆生 具佛威德 淨普賢行 住普賢道 盡未來際 爲欲調伏
一切衆生 轉一切佛微妙法輪

장애함이 없는 보살의 변재를 베풀어 끝없는 법을 깨달아 알아서 다함 없이 널리 펴 설하게 하시고, 신통으로 변화하는 힘을 베풀어 불가설불가설 수의 차별된 몸과 끝없는 색상이 갖가지로 같지 않음을 나타내어 중생을 깨닫게 하시며, 원만한 말소리를 베풀어 불가설불가설 수의 차별된 음성과 갖가지 말을 나타내어 중생을 깨닫게 하시고, 헛되지 않은 힘을 베풀어 일체 중생으로 하여금 형상을 보거나 법을 들으면 다 성취하여 헛되이 지내지 않게 하십니다.

불자들이여, 보살마하살이 이와 같이 보현의 행을 원만하게 구족한 까닭으로 여래의 힘을 얻고 세간을 벗어나는 도를 깨끗하게 하며 일체 지혜가 원만하여 걸림 없는 변재와 신통변화로써 구경에 일체 중생을 조복시키고, 부처님의 위덕을 갖추어 보현의 행을 깨끗하게 하며 보현의 도에 머물러서 미래제가 다하도록 일체 중생을 조복시키기 위하여 일체 부처님의 미묘한 법륜을 굴립니다.

何以故 佛子 此菩薩摩訶薩 成就如是殊勝大願諸菩薩行
則爲一切世間法師 則爲一切世間法日 則爲一切世間智月 則
爲一切世間須彌山王 巍然高出 堅固不動 則爲一切世間無
涯智海 則爲一切世間正法明燈 普照無邊 相續不斷 爲一切
衆生 開示無邊淸淨功德 皆令安住功德善根 順一切智大願
平等 修習普賢廣大之行 常能勸發無量衆生 住不可說不可
說廣大行三昧 現大自在

무슨 까닭이겠습니까?

불자들이여, 이 보살마하살이 이와 같이 수승한 대원인 모든 보살의 행을 성취하면 곧 일체 세간의 법사가 되고, 곧 일체 세간의 법의 태양이 되며, 곧 일체 세간의 지혜의 달이 되고, 곧 일체 세간의 수미산왕이 되어 우뚝하게 높이 솟아서 견고하여 움직이지 않으며, 곧 일체 세간의 끝없는 지혜 바다가 되고, 곧 일체 세간에서 정법의 밝은 등불이 되어 끝없이 널리 비추어서 서로 이어져 끊어지지 않으며, 일체 중생을 위하여 끝없이 청정한 공덕을 열어 보여서 모두 공덕과 선근에 편안히 머무르게 하고, 일체 지혜의 평등한 대원을 따라 보현의 광대한 행을 닦아 익히며, 항상 한량없는 중생에게 발심하기를 권하여 불가설불가설 수의 광대한 행의 삼매에 머물러 크게 자재함을 나타냅니다.

佛子 此菩薩摩訶薩 獲如是智 證如是法 於如是法 審住明
見 得如是神力 住如是境界 現如是神變 起如是神通 常安
住大悲 常利益衆生 開示衆生安隱正道 建立福智大光明幢
證不思議解脫 住一切智解脫 到諸佛解脫彼岸 學不思議解
脫方便門 已得成就 入法界差別門 無有錯亂 於普賢不可說
不可說三昧 遊戲自在 住獅子奮迅智 心意無礙

불자들이여, 이 보살마하살이 이와 같은 지혜를 얻어서 이와 같은 법을 증득하며 이와 같은 법에 자세히 머물러 밝게 보고, 이와 같은 위신력을 얻어서 이와 같은 경계에 머물러 이와 같은 신통변화를 나타내고 이와 같은 신통을 일으키며, 대비에 항상 편안히 머물러 중생을 항상 이익 되게 하여 중생에게 편안하고 바른 도를 열어 보여서 복과 지혜인 큰 광명의 당기를 세우고, 부사의한 해탈을 증득하여서 일체 지혜로 해탈에 머물러 모든 부처님께서 해탈하신 피안에 이르르며, 부사의한 해탈의 방편문을 배워 성취하고 나서 법계의 차별된 문에 들어가되 착란함이 없어 보현의 불가설불가설 수의 삼매에 자재하게 유희하고, 맹렬한 기세로 일어나는 사자의 지혜에 머물러 마음과 뜻이 걸림이 없습니다.

其心 恒住十大法藏 何者 爲十 所謂住憶念一切諸佛 住憶
念一切佛法 住調伏一切衆生大悲 住示現不思議淸淨國土
智 住深入諸佛境界決定解 住去來現在一切佛平等相菩提
住無礙無着際 住一切法無相性 住去來現在一切佛平等善
根 住去來現在一切如來法界無差別身語意業先導智 住觀
察三世一切諸佛 受生出家 詣道場成正覺 轉法輪般涅槃
悉入刹那際

그 마음이 항상 열 가지 큰 법의 보배장에 머무르니, 어떤 것을 열 가지라 합니까?

　일체 모든 부처님을 마음 깊이 지녀 잊지 않는 데에 머무르고, 일체 불법을 마음 깊이 지녀 잊지 않는 데에 머무르며, 일체 중생을 대비로 조복시키는 데에 머무르고, 부사의한 청정한 국토를 나타내 보이는 지혜에 머무르며, 모든 부처님의 경계에 깊이 들어가는 결정한 지혜에 머무르고, 과거와 미래와 현재의 일체 부처님의 평등한 상의 보리에 머무르며, 걸림이 없고 집착이 없는 경계에 머무르고, 일체 법의 상이 없는 성품에 머무르며, 과거와 미래와 현재의 일체 부처님의 평등한 선근에 머무르고, 과거와 미래와 현재의 일체 여래의 법계에 차별 없는 몸과 말과 뜻의 업을 먼저 이끌어 가르치는 지혜에 머무르며, 삼세 일체 모든 부처님의 탄생함과 출가함과 도량에 나아감과 정각을 이룸과 법륜을 굴림과 반열반에 드심을 관찰하여 모두 찰나에 들어가는 데에 머무릅니다.

佛子 此十大法藏 廣大無量 不可數 不可稱 不可思 不可說
無窮盡 難忍受 一切世智 無能稱述 佛子 此菩薩摩訶薩
已到普賢諸行彼岸 證淸淨法 志力廣大 開示衆生無量善根
增長菩薩一切勢力 於念念頃 滿足菩薩一切功德 成就菩薩
一切諸行 得一切佛陀羅尼法 受持一切諸佛所說 雖常安住
眞如實際 而隨一切世俗言說 示現調伏一切衆生 何以故
菩薩摩訶薩 住此三昧 法如是故

불자들이여, 이 열 가지 큰 법의 보배장이 광대하고 한량없어 불가수, 불가칭, 불가사, 불가설 수로 다함이 없고, 인정하여 받아들이기 어려워서 일체 세간의 지혜로는 일컬어 말할 수 없습니다.

불자들이여, 이 보살마하살이 이미 보현의 모든 행의 피안에 이르러 청정한 법을 증득하여 뜻의 힘이 광대하고, 중생의 한량없는 선근을 열어 보이며, 보살의 일체 세력을 더욱 더하여 생각마다 보살의 일체 공덕을 원만히 구족하고, 보살의 일체 모든 행을 성취하며, 일체 부처님의 다라니법을 얻고, 일체 모든 부처님께서 설하신 바를 받아 지니며, 비록 항상 진여의 실다운 경계에 편안히 머무르나 일체 세속의 말을 따라 일체 중생을 조복시킴을 나타내 보입니다.

무슨 까닭이겠습니까? 보살마하살이 이 삼매에 머무르면 법이 이러-한 까닭입니다.

佛子 菩薩摩訶薩 以此三昧 得一切佛廣大智 得巧說一切
廣大法自在辯才 得一切世中最爲殊勝淸淨無畏法 得入一切
三昧智 得一切菩薩善巧方便 得一切法光明門 到安慰一切
世間法彼岸 知一切衆生時非時 照十方世界一切處 令一切
衆生得勝智 作一切世間無上師 安住一切諸功德 開示一切
衆生淸淨三昧 令入最上智 何以故 菩薩摩訶薩 如是修行
則利益衆生 則增長大悲 則親近善知識 則見一切佛 則了一
切法 則詣一切刹 則入一切方

불자들이여, 보살마하살이 이 삼매로써 일체 부처님의 광대한 지혜를 얻고, 일체 광대한 법을 공교하게 설하는 자재한 변재를 얻으며, 일체 세계 가운데 가장 수승하고 청정한 두려움 없는 법을 얻고, 일체 삼매에 들어가는 지혜를 얻으며, 일체 보살의 공교한 방편을 얻고, 일체 법의 광명문을 얻으며, 일체 세간을 편안하게 위로하는 법의 피안에 이르고, 일체 중생의 때와 때 아님을 알아 시방 세계의 일체 곳을 비추며, 일체 중생으로 하여금 뛰어난 지혜를 얻게 하고, 일체 세간의 위 없는 스승이 되며, 일체 모든 공덕에 편안히 머무르고, 일체 중생에게 청정한 삼매를 열어 보여 가장 높은 지혜에 들어가게 합니다.

무슨 까닭이겠습니까? 보살마하살이 이러-히 닦아 행하니, 곧 중생을 이익 되게 하고, 곧 대비를 더욱 더하며, 곧 선지식을 친근히 하고, 곧 일체 부처님을 뵈며, 곧 일체 법을 알고, 곧 일체 세계에 나아가며, 곧 일체 방위에 들어가고,

則入一切世 則悟一切法平等性 則知一切佛平等性 則住一
切智平等性 於此法中 作如是業 不作餘業 住未足心 住不
散亂心 住專一心 住勤修心 住決定心 住不變異心 如是思
惟 如是作業 如是究竟 佛子 菩薩摩訶薩 無異語異作 有
如語如作 何以故 譬如金剛 以不可壞 而得其名 終無有時
離於不壞 菩薩摩訶薩 亦復如是 以諸行法 而得其名 終無
有時 離諸行法

곧 일체 세계에 들어가며, 곧 일체 법의 평등한 성품을 깨닫고, 곧 일체 부처님의 평등한 성품을 알며, 곧 일체 지혜의 평등한 성품에 머무릅니다.

이 법 가운데 이와 같은 업을 짓고 다른 업을 짓지 않아서, 싫증냄이 없는 마음에 머무르고, 산란함이 없는 마음에 머무르며, 오로지 한결같은 마음에 머무르고, 부지런히 닦는 마음에 머무르며, 결정한 마음에 머무르고, 변하지 않는 마음에 머무르니, 이와 같이 사유하고 이와 같이 업을 지으며 이와 같이 구경에 이르릅니다.

불자들이여, 보살마하살은 다른 말과 다른 지음이 없고, 여여한 말과 여여한 지음이 있을 뿐입니다.

무슨 까닭이겠습니까? 비유하면 금강이 파괴할 수 없는 것으로써 그 이름을 얻었으므로 마침내 언제든지 무너뜨릴 수 없다는 것마저 여의듯이, 보살마하살도 또한 다시 이와 같아서 모든 행하는 법으로써 그 이름을 얻었으므로 마침내 언제든지 모든 행하는 법마저 여읩니다.

譬如眞金 以有妙色 而得其名 終無有時 離於妙色 菩薩摩
訶薩 亦復如是 以諸善業 而得其名 終無有時 離諸善業
譬如日天子 以光明輪 而得其名 終無有時 離光明輪 菩薩
摩訶薩 亦復如是 以智慧光 而得其名 終無有時 離智慧光
譬如須彌山王 以四寶峰 處於大海 迥然高出 而得其名 終
無有時 捨離四峰 菩薩摩訶薩 亦復如是 以諸善根 處在於
世 迥然高出 而得其名 終無有時 捨離善根

비유하면 진금이 묘한 색으로써 그 이름을 얻었으므로 마침내 언제든지 묘한 색마저 여의듯이, 보살마하살도 또한 다시 이와 같아서 모든 착한 업으로써 그 이름을 얻었으므로 마침내 언제든지 모든 착한 업마저 여읩니다.

비유하면 태양이 광명으로써 그 이름을 얻었으므로 마침내 언제든지 광명마저 여의듯이, 보살마하살도 또한 다시 이와 같아서 지혜의 광명으로써 그 이름을 얻었으므로 마침내 언제든지 지혜의 광명마저 여읩니다.

비유하면 수미산왕이 네 가지 보배의 봉우리로써 큰 바다에 아득히 높이 솟아 있어 그 이름을 얻었으므로 마침내 언제든지 네 가지 봉우리마저 여의듯이, 보살마하살도 또한 다시 이와 같아서 모든 선근으로써 세간에 아득히 높이 솟아 있어 그 이름을 얻었으므로 마침내 언제든지 선근마저 여읩니다.

譬如大地 以持一切 而得其名 終無有時 捨離能持 菩薩摩
訶薩 亦復如是 以度一切 而得其名 終無有時 捨離大悲
譬如大海 以含衆水 而得其名 終無有時 捨離於水 菩薩摩
訶薩 亦復如是 以諸大願 而得其名 終不暫捨度衆生願 譬
如軍將 以能慣習戰鬪之法 而得其名 終無有時 捨離此能
菩薩摩訶薩 亦復如是 以能慣習如是三昧 而得其名 乃至
成就一切智智 終無有時 捨離此行

비유하면 대지가 일체를 지님으로써 그 이름을 얻었으므로 마침내 언제든지 지님마저 여의듯이, 보살마하살도 또한 다시 이와 같아서 일체를 제도함으로써 그 이름을 얻었으므로 마침내 언제든지 대비마저 여읩니다.

비유하면 큰 바다가 여러 물을 받아들임으로써 그 이름을 얻었으므로 마침내 언제든지 물이라는 것마저 여의듯이, 보살마하살도 또한 다시 이와 같아서 모든 대원으로써 그 이름을 얻었으므로 마침내 잠시도 중생을 제도하려는 서원마저 버려 없습니다.

비유하면 군대의 장수가 익숙하게 전투하는 법을 익힘으로써 그 이름을 얻었으므로 마침내 언제든지 이 능력마저 여의듯이, 보살마하살도 또한 다시 이와 같아서 이와 같은 삼매를 익숙하게 익힘으로써 그 이름을 얻었고 더 나아가서 일체지의 지혜를 성취하였으므로 마침내 언제든지 이 행마저 여읩니다.

如轉輪王 馭四天下 常勤守護一切衆生 令無橫死 恒受快
樂 菩薩摩訶薩 亦復如是 入如是等諸大三昧 常勤化度一
切衆生 乃至令其究竟清淨 譬如種子 植之於地 乃至能令
莖葉增長 菩薩摩訶薩 亦復如是 修普賢行 乃至能令一切
衆生 善法增長 譬如大雲 於夏暑月 降霔大雨 乃至增長一
切種子 菩薩摩訶薩 亦復如是 入如是等諸大三昧 修菩薩
行 雨大法雨 乃至能令一切衆生 究竟清淨 究竟涅槃 究竟
安隱

마치 전륜성왕이 사천하를 다스림에 항상 부지런히 일체 중생을 수호하여 갑작스런 죽음이 없고 항상 쾌락을 누리게 하듯이, 보살마하살도 또한 다시 이와 같아서 이와 같은 평등한 모든 큰 삼매에 들어가 항상 부지런히 일체 중생을 교화하여 더 나아가서 그로 하여금 구경에 청정하게 합니다.

비유하면 종자를 땅에 심어서 줄기와 잎사귀가 자라나게 하듯이, 보살마하살도 또한 다시 이와 같아서 보현의 행을 닦아 더 나아가서 일체 중생으로 하여금 착한 법을 더욱 더하게 합니다.

비유하면 큰 구름이 더운 여름에 큰 비를 내려서 일체 종자를 자라게 하듯이, 보살마하살도 또한 다시 이와 같아서 이와 같은 평등한 모든 큰 삼매에 들어가 보살의 행을 닦아 큰 법의 비를 내리고 더 나아가서 일체 중생으로 하여금 구경의 청정함과 구경의 열반과 구경의 편안함과

究竟彼岸 究竟歡喜 究竟斷疑 爲諸衆生 究竟福田 令其施
業 皆得淸淨 令其皆住不退轉道 令其同得一切智智 令其皆
得出離三界 令其皆得究竟之智 令其皆得諸佛如來究竟之
法 置諸衆生一切智處 何以故 菩薩摩訶薩 成就此法 智慧
明了 入法界門 能淨菩薩不可思議無量諸行 所謂能淨諸智
求一切智故 能淨衆生 使調伏故

구경의 피안과 구경의 환희함과 구경의 의혹을 끊음으로 모든 중생을 위한 구경의 복밭이 되게 하여 그 베푸는 업이 모두 청정함을 얻게 하며, 그들로 하여금 퇴전하지 않는 도에 모두 머무르게 하고, 그들로 하여금 일체지의 지혜를 같이 얻게 하며, 그들로 하여금 삼계에서 모두 벗어나게 하고, 그들로 하여금 구경의 지혜를 모두 얻게 하며, 그들로 하여금 모든 부처님 여래의 구경법을 얻게 하여서 모든 중생을 일체 지혜의 처소에 둡니다.

무슨 까닭이겠습니까? 보살마하살이 이 법을 성취하면 지혜가 명료하여 법계의 문에 들어가 보살의 불가사의하고 한량없는 모든 행을 깨끗하게 합니다.

모든 지혜를 깨끗하게 하니 일체 지혜를 구하는 까닭이고, 중생을 깨끗하게 하니 조복하게 하는 까닭이며,

能淨刹土 常廻向故 能淨諸法 普了知故 能淨無畏 無怯弱
故 能淨無礙辯 巧演說故 能淨陀羅尼 於一切法 得自在故
能淨親近行常見一切佛興世故 佛子 菩薩摩訶薩 住此三
昧 得如是等百千億那由他不可說不可說淸淨功德 於如是
等三昧境界 得自在故 一切諸佛 所加被故 自善根力之所流
故 入智慧地大威力故 諸善知識 引導力故 摧伏一切諸魔力
故

국토를 깨끗하게 하니 항상 회향하는 까닭이고, 모든 법을 깨끗하게 하니 널리 밝게 아는 까닭이며, 두려움 없음을 깨끗하게 하니 겁약함이 없는 까닭이고, 걸림 없는 변재를 깨끗하게 하니 공교히 널리 펴 설하는 까닭이며, 다라니를 깨끗하게 하니 일체 법에 자재함을 얻는 까닭이고, 친근히 하는 행을 깨끗하게 하니 항상 일체 부처님께서 세간에 출현하심을 보는 까닭입니다.

불자들이여, 보살마하살이 이 삼매에 머물러 이와 같은 등 백천억 나유타 불가설불가설 수의 청정한 공덕을 얻음은 이와 같은 평등한 삼매의 경계에 자재함을 얻은 까닭이고, 일체 모든 부처님께서 가피한 바인 까닭이며, 자신의 선근의 힘에서 흘러 나온 바인 까닭이고, 지혜의 바탕에 들어가는 큰 위력인 까닭이며, 모든 선지식이 이끌어 가르치는 힘인 까닭이고, 일체 모든 마군을 꺾어 항복받는 힘인 까닭이며,

同分善根 淳淨力故 廣大誓願欲樂力故 所種善根成就力故
超諸世間無盡之福無對力故 佛子 菩薩摩訶薩 住此三昧
得十種法 同去來今一切諸佛 何者 爲十 所謂得諸相好種
種莊嚴 同於諸佛 能放淸淨大光明網 同於諸佛 神通變化
調伏衆生 同於諸佛 無邊色身 淸淨圓音 同於諸佛 隨衆生
業 現淨佛國 同於諸佛 一切衆生 所有語言 皆能攝持 不忘
不失 同於諸佛 無盡辯才 隨衆生心 而轉法輪 令生智慧 同
於諸佛

동분(同分)*의 선근이 청정한 힘인 까닭이고, 광대한 서원을 좋아하고 즐기는 힘인 까닭이며, 심은 바 선근을 성취하는 힘인 까닭이고, 다함 없는 복이 모든 세간을 뛰어넘어 상대할 수 없는 힘인 까닭입니다.

불자들이여, 보살마하살이 이 삼매에 머물러 열 가지 법을 얻어 과거와 미래와 현재의 일체 모든 부처님과 같게 되니, 어떤 것을 열 가지라 합니까?

모든 상호와 갖가지 장엄을 얻는 것이 모든 부처님과 같고, 청정한 큰 광명의 그물을 놓는 것이 모든 부처님과 같으며, 신통변화로 중생을 조복시키는 것이 모든 부처님과 같고, 끝없는 색신과 청정하고 두렷한 음성이 모든 부처님과 같으며, 중생의 업을 따라 깨끗한 부처님 국토를 나타내는 것이 모든 부처님과 같고, 일체 중생의 모든 말을 다 거두어 지녀서 잊지 않고 잃어버리지 않는 것이 모든 부처님과 같으며, 다함이 없는 변재로 중생의 마음을 따라 법륜을 굴려 지혜를 생기게 하는 것이 모든 부처님과 같고,

大獅子吼 無所怯畏 以無量法 開悟群生 同於諸佛 於一念
頃 以大神通 普入三世 同於諸佛 普能顯示一切衆生諸佛
莊嚴 諸佛威力 諸佛境界 同於諸佛 爾時 普眼菩薩 白普賢
菩薩言 佛子 此菩薩摩訶薩 得如是法 同諸如來 何故 不名
佛 何故 不名十力 何故 不名一切智 何故 不名一切法中得
菩提者 何故 不得名爲普眼 何故 不名一切境中無礙見者

두려움 없는 큰 사자후를 하여 한량없는 법으로써 중생을 깨닫게 하는 것이 모든 부처님과 같으며, 온통인 생각에 큰 신통으로써 삼세에 널리 들어가는 것이 모든 부처님과 같고, 널리 일체 중생에게 모든 부처님의 장엄과 모든 부처님의 위력과 모든 부처님의 경계를 나타내 보이는 것이 모든 부처님과 같습니다."

이때 보안보살이 보현보살에게 말하였다.

"불자여, 이 보살마하살이 이와 같은 법을 얻어서 모든 여래와 같다면 무슨 까닭으로 부처님이라 이름하지 않고, 무슨 까닭으로 십력이라 이름하지 않으며, 무슨 까닭으로 일체 지혜라 이름하지 않고, 무슨 까닭으로 일체 법 가운데 보리를 얻은 이라 이름하지 않으며, 무슨 까닭으로 넓은 눈이라 이름하지 않고, 무슨 까닭으로 일체 경계 가운데 걸림 없이 보는 이라 이름하지 않으며,

何故 不名覺一切法 何故 不名與三世佛 無二住者 何故 不名住實際者 何故 修行普賢行願 猶未休息 何故 不能究竟法界 捨菩薩道 爾時 普賢菩薩 告普眼菩薩言 善哉 佛子如汝所言 若此菩薩摩訶薩 同一切佛 以何義故 不名爲佛乃至不能捨菩薩道 佛子 此菩薩摩訶薩 已能修習去來今世一切菩薩種種行願 入智境界 則名爲佛 於如來所 修菩薩行 無有休息 說名菩薩

무슨 까닭으로 일체 법을 깨달았다 이름하지 않고, 무슨 까닭으로 삼세의 부처님과 더불어 두 가지가 아닌 데 머무르는 이라 이름하지 않으며, 무슨 까닭으로 실제에 머무르는 이라 이름하지 않고, 무슨 까닭으로 보현의 서원행을 닦아 행하되 여전히 쉬지 않으며, 무슨 까닭으로 구경의 법계에서 보살의 도를 버리지 않습니까?"

이때 보현보살이 보안보살에게 말하였다.

"훌륭합니다. 불자여, 그대가 말한 바와 같이, 만약 이 보살마하살이 일체 부처님과 한 가지로 같다면 무슨 뜻으로 부처님이라 이름하지 않고 더 나아가서 보살의 도를 버리지 않는 것이겠습니까?

불자여, 이 보살마하살이 이미 과거와 미래와 현재의 세상에서 일체 보살의 갖가지 서원행을 닦아 익혀서 지혜의 경계에 들어갔기에 곧 부처라 이름하지만, 여래의 처소에서 보살의 행을 닦음을 쉬지 않으므로 보살이라 이름하여 말합니다.

如來諸力 皆悉已入 則名十力 雖成十力 行普賢行 而無休
息 說名菩薩 知一切法 而能演說 名一切智 雖能演說一切
諸法 於一一法 善巧思惟 未嘗止息 說名菩薩 知一切法 無
有二相 是則說名悟一切法 於二不二一切諸法差別之道 善
巧觀察 展轉增勝 無有休息 說名菩薩 已能明見普眼境界
說名普眼 雖能證得普眼境界 念念增長 未曾休息 說名菩
薩

여래의 모든 힘에 이미 다 들어갔기에 곧 십력이라 이름하지만, 비록 십력을 이루었으면서도 보현의 행을 행함을 쉬지 않으므로 보살이라 이름하여 말합니다.

일체 법을 알아 널리 펴 설하였기에 일체 지혜라 이름하지만, 비록 일체 모든 법을 널리 펴 설하면서도 낱낱의 법을 공교하게 사유하여 일찍이 쉰 적이 없으므로 보살이라 이름하여 말합니다.

일체 법이 두 가지 상이 없음을 알았기에 이를 곧 일체 법을 깨달았다고 이름하여 말하지만, 두 가지와 두 가지 아닌 일체 모든 법의 차별된 도를 공교하게 관찰하여 점점 더 수승해져서 쉬지 않으므로 보살이라 이름하여 말합니다.

이미 넓은 눈의 경계를 밝게 보았기에 넓은 눈이라 이름하여 말하지만, 비록 넓은 눈의 경계를 증득하였으면서도 생각마다 더욱 더하여 일찍이 쉰 적이 없으므로 보살이라 이름하여 말합니다.

於一切法 悉能明照 離諸闇障 名無礙見 常勤憶念無礙見
者 說名菩薩 已得諸佛 智慧之眼 是則說名覺一切法 觀諸
如來正覺智眼 而不放逸 說名菩薩 住佛所住 與佛無二 說
名與佛無二住者 爲佛攝受 修諸智慧 說名菩薩 常觀一切
世間實際 是則說名住實際者 雖常觀察諸法實際 而不證入
亦不捨離 說名菩薩

일체 법을 다 밝게 비추어 모든 어두운 장애를 여의었기에 걸림이 없는 봄이라 이름하지만, 항상 걸림 없이 보는 것을 부지런히 마음 깊이 지녀 잊지 않으므로 보살이라 이름하여 말합니다.

　이미 모든 부처님의 지혜의 눈을 얻었기에 곧 일체 법을 깨달았다고 이름하여 말하지만, 모든 여래의 정각의 지혜의 눈을 관함에 방일하지 않으므로 보살이라 이름하여 말합니다.

　부처님께서 머무르시는 바에 머물러 부처님과 더불어 둘이 아니기에 부처님과 더불어 두 가지가 없음에 머무르는 이라고 이름하여 말하지만, 부처님께서 거두어 주심이 되어 모든 지혜를 닦으므로 보살이라 이름하여 말합니다.

　항상 일체 세간의 실제를 관하기에 곧 실제에 머무르는 이라 이름하여 말하지만, 비록 항상 모든 법의 실제를 관찰하면서도 증득하여 들어가지도 않고 또한 여의어 버리지도 않으므로 보살이라 이름하여 말합니다.

不來不去 無同無異 此等分別 悉皆永息 是則說名休息願
者 廣大修習 圓滿不退 則名未息普賢願者 了知法界 無有
邊際 一切諸法 一相無相 是則說名究竟法界 捨菩薩道 雖
知法界無有邊際 而知一切種種異相 起大悲心 度諸衆生
盡未來際 無有疲厭 是則說名普賢菩薩 佛子 譬如伊羅鉢
那象王 住金脇山七寶窟中 其窟周圍 悉以七寶 而爲欄楯
寶多羅樹 次第行列

오고 감도 없고 같고 다름도 없어서 이와 같은 분별을 모두 영원히 쉬니 곧 서원을 쉬는 이라 이름하여 말하지만, 광대하게 닦아 익혀서 원만하여 물러나지 않으므로 곧 보현의 서원을 쉬지 않는 이라 이름하여 말합니다.

법계가 끝이 없고 일체 모든 법이 온통인 상이어서 상 없음을 밝게 아니 곧 구경에는 법계에서 보살의 도까지도 버린 것이라 이름하여 말하지만, 비록 법계가 끝이 없음을 알면서도 일체 갖가지 다른 상을 알아서 대비의 마음을 일으켜 모든 중생을 제도하되 미래제가 다하도록 피로해 하거나 싫어함이 없으므로 곧 보현보살이라 이름하여 말합니다.

불자여, 비유하면 이라발나 코끼리왕이 금협산 칠보굴 가운데 머무르니, 그 굴의 주위가 모두 일곱 가지 보배로 난간을 이루고, 보배다라수가 차례로 줄지어 있으며,

眞金羅網 彌覆其上 象身潔白 猶如珂雪 上立金幢 金爲瓔
珞 寶網覆鼻 寶鈴垂下 七支成就 六牙具足 端正充滿 見
者欣樂 調良善順 心無所逆 若天帝釋 將欲遊行 爾時象
王 卽知其意 便於寶窟 而沒其形 至忉利天釋主之前 以神
通力 種種變現 令其身 有三十三頭 於一一頭 化作六牙 於
一一牙 化作七池 一一池中 有七蓮華 一一華中 有七婇女
一時俱奏百千天樂

진금으로 된 비단 그물로 그 위를 두루 덮고, 코끼리의 몸은 마치 옥으로 된 눈과 같이 희고 깨끗하며, 위에 금으로 된 당기를 세우고, 금이 영락이 되며, 보배그물로 코를 덮고, 보배방울을 아래로 드리우며, 일곱 가지〔七支〕를 성취하고, 여섯 어금니를 구족하여서 단정하고 충만하여 보는 이가 즐거워하며, 잘 길들여져 착하고 온순하여서 거스르는 마음이 없는 것과 같습니다.

만약 제석천왕이 장차 돌아다니고자 함에 이때 코끼리왕이 곧 그 뜻을 알아 문득 보배굴에서 그 형상을 숨기고, 도리천에 이르러 제석천왕 앞에 신통력으로써 갖가지 변화로 나타내니 그 몸에는 서른셋의 머리가 있어, 낱낱의 머리에 여섯 어금니를 화현하여 만들고, 낱낱의 어금니에 일곱 개의 연못을 화현하여 만들며, 낱낱의 연못 가운데 일곱 송이 연꽃이 있고, 낱낱의 연꽃 가운데 일곱 채녀가 있어 한때에 함께 백천의 천상 음악을 연주합니다.

是時帝釋 乘茲寶象 從難勝殿 往詣華園 芬陀利華 徧滿其
中 是時帝釋 至華園已 從象而下 入於一切寶莊嚴殿 無量
婇女 以爲侍從 歌詠妓樂 受諸快樂 爾時象王 復以神通
隱其象形 現作天身 與三十三天 及諸采女 於芬陀利華園之
內 歡娛戲樂 所現身相 光明衣服 往來進止 語笑觀瞻 皆
如彼天 等無有異 無能分別此象此天 象之與天 更互相似

이때에 제석천왕이 이 보배 코끼리를 타고 난승전으로부터 꽃동산에 나아가니 분타리꽃이 그 가운데 가득합니다.

이때 제석천왕이 꽃동산에 이르러서는 코끼리에서 내려 일체보장엄전에 들어가 한량없는 채녀를 시종으로 삼고 노래와 기악으로 모든 쾌락을 누립니다.

이때 코끼리왕이 다시 신통으로써 그 코끼리 형상을 숨기고 천상의 몸으로 나타나 삼십삼천과 모든 채녀와 더불어 분타리꽃 동산 안에서 즐겁게 노는데, 나타낸 몸의 상과 광명과 의복과 오고 가는 것과 나아가고 그치는 것과 말과 웃음과 우러러보는 것이 모두 저 천인들과 다름이 없이 동등하며, 이 코끼리와 이 천인을 분별할 수 없을 만큼 코끼리와 천인이 서로 닮았습니다.

佛子 彼伊羅鉢那象王 於金脇山七寶窟中 無所變化 至於
三十三天之上 爲欲供養釋提桓因 化作種種諸可樂物 受天
快樂 與天無異 佛子 菩薩摩訶薩 亦復如是 修習普賢菩薩
行願 及諸三昧 以爲衆寶莊嚴之具 七菩提分 爲菩薩身 所
放光明 以之爲網 建大法幢 鳴大法鐘 大悲爲窟 堅固大願
以爲其牙 智慧無畏 猶如獅子 法繒繫頂 開示祕密 到諸菩
薩行願彼岸

불자여, 저 이라발나 코끼리왕이 금협산의 칠보굴 가운데에서 변화한 바가 없되, 삼십삼천의 위에 이르러 석제환인에게 공양 올리고자 갖가지 모든 즐거운 물건을 화현하여 만들어서 천상의 쾌락을 누림이 천인과 다름이 없습니다.

불자여, 보살마하살도 또한 다시 이와 같아서 보현보살의 서원행과 모든 삼매를 닦아 익혀 온갖 보배를 장엄구로 삼고, 칠보리분을 보살의 몸으로 삼으며, 놓는 광명을 그물로 삼고, 큰 법의 당기를 세우며, 큰 법의 종을 울리고, 대비를 굴로 삼으며, 견고한 대원을 그 어금니로 삼고, 두려움 없는 지혜가 마치 사자와 같으며, 법의 비단을 정수리에 매고 비밀을 열어 보여 모든 보살의 서원행의 피안에 이르릅니다.

爲欲安處菩提之座 成一切智 得最正覺 增長普賢廣大行願
不退不息 不斷不捨 大悲精進 盡未來際 度脫一切苦惱衆
生 不捨普賢道 現成最正覺 現不可說不可說成正覺門 現不
可說不可說轉法輪門 現不可說不可說住深心門 於不可說不
可說廣大國土 現涅槃變化門 於不可說不可說差別世界 而
現受生 修普賢行 現不可說不可說如來 於不可說不可說廣
大國土菩提樹下 成最正覺 不可說不可說菩薩衆 親近圍遶

보리좌에서 편안히 지내고자 일체 지혜를 이루어 최정각을 얻어서 보현의 광대한 서원행을 더욱 더하여 물러나지 않고 쉬지 않으며 끊이지 않고 버리지 않으며 대비로 정진하여 미래제가 다하도록 일체 고뇌하는 중생을 제도하여 해탈시킵니다.

보현의 도를 버리지 않고 최정각을 이룸을 나타내니, 불가설불가설 수의 정각을 이루는 문을 나타내고, 불가설불가설 수의 법륜을 굴리는 문을 나타내며, 불가설불가설 수의 깊은 마음에 머무르는 문을 나타내고, 불가설불가설 수의 광대한 국토에서 열반의 변화하는 문을 나타내며, 불가설불가설 수의 차별된 세계에 태어나 보현의 행을 닦음을 나타내고, 불가설불가설 수의 여래께서 불가설불가설 수의 광대한 국토의 보리수 아래에서 최정각을 이루어 불가설불가설 수의 보살 대중이 친근히 하고 주위를 둘러싸고 있음을 나타냅니다.

或於一念頃 修普賢行 而成正覺 或須臾頃 或於一時 或於
一日 或於半月 或於一月 或於一年 或無數年 或於一劫 如
是乃至不可說不可說劫 修普賢行 而成正覺 復於一切諸佛
刹中 而爲上首 親近於佛 頂禮供養 請問觀察如幻境界 淨
修菩薩 無量諸行 無量諸智 種種神變 種種威德 種種智慧
種種境界 種種神通 種種自在 種種解脫 種種法明 種種敎
化調伏之法 佛子 菩薩摩訶薩 本身不滅 以行願力 於一切
處 如是變現

혹은 온통인 생각에 보현의 행을 닦아 정각을 이루고, 혹은 수유와 혹은 한 때와 혹은 하루와 혹은 반 달과 혹은 한 달과 혹은 일 년과 혹은 수없는 해와 혹은 일 겁과 이와 같이 더 나아가서 불가설불가설 수의 겁에 보현의 행을 닦아 정각을 이룹니다.

다시 일체 모든 부처님세계 가운데 상수가 되어 부처님을 친근히 하여 정례하고 공양 올려 환과 같은 경계를 관찰하여 묻고, 보살의 한량없는 모든 행과 한량없는 모든 지혜와 갖가지 신통변화와 갖가지 위덕과 갖가지 지혜와 갖가지 경계와 갖가지 신통과 갖가지 자재함과 갖가지 해탈과 갖가지 법의 밝음과 갖가지로 조복시켜서 교화하는 법을 깨끗하게 닦습니다.

불자여, 보살마하살이 본래의 몸을 멸하지 않고 서원행의 힘으로써 일체의 곳에서 이와 같이 변화하여 나타냅니다.

何以故 欲以普賢自在神力 調伏一切諸衆生故 令不可說不
可說衆生 得淸淨故 令其永斷生死輪故 嚴淨廣大諸世界
故 常見一切諸如來故 深入一切佛法流故 憶念三世諸佛種
故 憶念十方一切佛法 及法身故 普修一切菩薩諸行 使圓
滿故 入普賢流 自在能證一切智故 佛子 汝應觀此菩薩摩訶
薩 不捨普賢行 不斷菩薩道 見一切佛 證一切智 自在受用
一切智法

무슨 까닭이겠습니까? 보현의 자재한 위신력으로 일체 모든 중생을 조복하게 하고자 하는 까닭이고, 불가설불가설 수의 중생으로 하여금 청정함을 얻게 하는 까닭이며, 그들로 하여금 나고 죽음의 바퀴를 영원히 끊게 하는 까닭이고, 광대한 모든 세계를 깨끗하게 장엄하는 까닭이며, 항상 일체 모든 여래를 친견하는 까닭이고, 일체 불법의 흐름에 깊이 들어가는 까닭이며, 삼세 모든 부처님의 종자 성품을 마음 깊이 지녀 잊지 않는 까닭이고, 시방의 일체 불법과 법신을 마음 깊이 지녀 잊지 않는 까닭이며, 널리 일체 보살의 모든 행을 닦아서 원만히 하는 까닭이고, 보현의 흐름에 들어가 자재하여서 일체 지혜를 증득하는 까닭입니다.

불자여, 그대가 마땅히 이 보살마하살을 관하여 보현행을 버리지 않고 보살의 도를 끊지 않으면 일체 부처님을 뵙고 일체 지혜를 증득하며 일체 지혜의 법을 수용하여 자재하게 될 것입니다.

如伊羅鉢那象王 不捨象身 往三十三天 爲天所乘 受天快樂 作天遊戲 承事天主 與天婇女 而作歡娛 同於諸天 無有差別 佛子 菩薩摩訶薩 亦復如是 不捨普賢大乘諸行 不退諸願 得佛自在 具一切智 證佛解脫 無障無礙 成就清淨 於諸國土 無所染着 於佛法中 無所分別 雖知諸法 普皆平等 無有二相 而恒明見一切佛土 雖已等同三世諸佛 而修菩薩行 相續不斷

마치 이라발나 코끼리왕이 코끼리의 몸을 버리지 않고 삼십삼천에 가서 천인을 태우는 바가 되어, 천상의 쾌락을 받고 천상의 유희를 지어 천주*를 받들어 섬기며 천상의 채녀와 더불어 즐거워함이 모든 천인과 같아서 차별이 없습니다.

불자여, 보살마하살도 또한 다시 이와 같아서 보현의 대승의 모든 행을 버리지 않고, 모든 서원에서 물러나지 않으며, 부처님의 자재함을 얻어 일체 지혜를 갖추고, 부처님의 해탈을 증득하여 막힘도 없고 걸림도 없으며, 청정함을 성취하여 모든 국토에 물들거나 집착하는 바가 없고 불법 가운데 분별하는 바가 없으며, 비록 모든 법이 널리 다 평등하여 두 가지 상이 없음을 아나 항상 일체 불토를 환히 보고, 비록 이미 삼세의 모든 부처님과 같으나 보살의 행을 닦음을 계속하여 끊어짐이 없습니다.

佛子 菩薩摩訶薩 安住如是普賢行願廣大之法 當知是人
心得淸淨 佛子 此是菩薩摩訶薩 第十無礙輪大三昧殊勝
心廣大智 佛子 此是菩薩摩訶薩 所住普賢行十大三昧輪

불자여, 보살마하살이 이와 같은 보현의 서원행의 광대한 법에 편안히 머무르니, 마땅히 이 사람은 마음의 청정함을 얻은 줄을 알아야 합니다.

불자여, 이것이 이 보살마하살의 열번째 걸림 없이 굴리는 큰 삼매의 수승한 마음과 광대한 지혜입니다.

불자여, 이것이 이 보살마하살이 머무르는 보현행의 열 가지 큰 삼매의 굴림입니다."

농선 대원 선사 결문

농선 대원 선사 결문(決文)

문 : 이 걸림 없이 굴리는 큰 삼매의 수승한 마음과 광
     대한 지혜를 요약해서 보여주십시오.

답 : (주장자로 법상을 크게 세 번 치고)
     이룬 적도 없고 이룰 것도 없지만
     큰 자비를 일으켜 교화를 쉬지 않는 것이니라.

∽ 미주

* 난타(難陀) : 8용왕(八龍王) 또는 28부중(二十八部衆)의 하나이다. 발난타(跋難陀)용왕의 동생이다. 난도용왕(難途龍王), 난두용왕(難頭龍王)이라고도 하고, 희(喜), 환희(歡喜) 등으로 한역한다.

* 동분(同分) : 근(根)·경(境)·식(識) 삼과(三科)가 상대하여 동시에 다 같이 각각 자신의 작용을 가져서 촉(觸)을 발생시키는 것을 말한다. '분(分)'은 자신의 작용이라는 뜻이다. 예를 들어 안근은 색을 취하는 작용을 일으키고, 안식은 색을 인식하는 작용, 색경은 안근과 안식의 대상이 되는 작용으로, 이 세 작용이 원활하여 화합이 성립하면 안촉이 발생하는데 이 경우의 삼과를 동분이라 한다. 유분(有分), 등분(等分)이라고도 한다.

* 마나사(摩那斯) : 5용왕(五龍王) 또는 8용왕(八龍王)의 하나이다. 두꺼비의 모양을 하고 있는 용의 왕이다. 그 몸으로 수미산을 일곱 겹으로 감쌀 수 있어 대신(大身)이라 하고, 비를 주재하는 이로서 구름을 일으킨 후 칠 일을 기다려 각자의 일을 끝낼 준비를 하도록 한 후에 비를 내려서 바람을 일으켜도 나뭇가지를 움직이지 않게 하고 비를 내려도 흙덩이를 부수어 사태가 일어나지 않게 하여 자심(慈心)이라 한다. 마나소바제용

왕(摩那蘇婆帝龍王)이라고도 하고, 대력용왕(大力龍王), 대의
용왕(大意龍王), 고의용왕(高意龍王) 등으로 한역한다.

* 발난타(跋難陀) : 8용왕(八龍王)의 하나이다. 사람의 마음에
  순응하여 바람과 비를 알맞게 드리워 주고 중생들이 이로 인해
  많은 이익을 누리며 기뻐하기 때문에 기쁨이라는 뜻의 이름을
  얻게 되었다. 난타용왕과 형제이기 때문에 난타발난타(難陀跋
  難陀)라 불리기도 한다. 파난타(婆難陀), 우파난타(優波難陀),
  우반난타(優槃難陀)라고도 하고, 현희(賢喜), 현환희(賢歡喜)
  등으로 한역한다.

* 심식(心識) : 심의식(心意識)을 대신하기도 하고, 단순히 식
  (識)을 가리키는 말이기도 하다. 소승의 구사(俱舍)에서는 심
  (心)과 식(識)을 이름만 다를 뿐 본체는 같다 주장하고, 대승
  에 속하는 유식(唯識)에서는 두 가지를 따로 나누어 제8식을
  심(心), 제5식과 6식은 식(識)이라고 한다.

* 유전(流轉) : 번뇌로 인하여 끊임없이 괴로운 생사를 되풀이하
  여 육도를 윤회하는 것. 혹은 미혹한 중생심에 따라 일어나는
  것을 말하기도 한다. 윤회(輪廻), 생사(生死)라고도 한다.

* 천주(天主) : 모든 천상의 왕으로 제석천왕(帝釋天王)을 말한다.

* 현량(現量) : 삼량(三量)의 하나이다. 현상을 분별하여 헤아리

는 인식작용 없이 비추어 아는 것으로, 판단이나 추리, 경험 등의 간접 수단에 의하지 않고 사상(事象)을 있는 그대로 직접 각지(覺知)하는 것을 말한다.

불조정맥

불조정맥(佛祖正脈)

🪷 인 도

교조 석가모니불 (教祖 釋迦牟尼佛)

1조 마하가섭 (摩訶迦葉)

2조 아난다 (阿難陀)

3조 상나화수 (商那和脩)

4조 우바국다 (優波鞠多)

5조 제다가 (堤多迦)

6조 미차가 (彌遮迦)

7조 바수밀 (婆須密)

8조 불타난제 (佛陀難堤)

9조 복타밀다 (伏馱密多)

10조 파율습박(협) (波栗濕縛, 脇)

11조 부나야사 (富那夜奢)

12조 아나보리(마명) (阿那菩堤, 馬鳴)

13조 가비마라 (迦毗摩羅)

14조 나가르주나(용수) (那閼羅樹那, 龍樹)

15조 가나제바 (迦那堤波)

16조 라후라타 (羅睺羅陀)

17조 승가난제 (僧伽難提)

18조 가야사다 (迦耶舍多)

19조 구마라다 (鳩摩羅多)

20조 사야다 (闍夜多)

21조 바수반두 (婆修盤頭)

22조 마노라 (摩拏羅)

23조 학륵나 (鶴勒那)

24조 사자보리 (師子菩提)

25조 바사사다 (婆舍斯多)

26조 불여밀다 (不如密多)

27조 반야다라 (般若多羅)

28조 보리달마 (菩提達磨)

🌸 중 국

29조 신광 혜가 (2 조 神光 慧可)

30조 감지 승찬 (3 조 鑑智 僧璨)

31조 대의 도신 (4 조 大醫 道信)

32조 대만 홍인 (5조 大滿 弘忍)

33조 대감 혜능 (6조 大鑑 慧能)

34조 남악 회양 (7조 南嶽 懷讓)

35조 마조 도일 (8조 馬祖 道一)

36조 백장 회해 (9조 百丈 懷海)

37조 황벽 희운 (10조 黃檗 希雲)

38조 임제 의현 (11조 臨濟 義玄)

39조 흥화 존장 (12조 興化 存獎)

40조 남원 혜옹 (13조 南院 慧顒)

41조 풍혈 연소 (14조 風穴 延沼)

42조 수산 성념 (15조 首山 省念)

43조 분양 선소 (16조 汾陽 善昭)

44조 자명 초원 (17조 慈明 楚圓)

45조 양기 방회 (18조 楊岐 方會)

46조 백운 수단 (19조 白雲 守端)

47조 오조 법연 (20조 五祖 法演)

48조 원오 극근 (21조 圓悟 克勤)

49조 호구 소륭 (22조 虎丘 紹隆)

50조 응암 담화 (23조 應庵 曇華)

51조 밀암 함걸 (24조 密庵 咸傑)

52조 파암 조선 (25조 破庵 祖先)

53조 무준 사범 (26조 無準 師範)

54조 설암 혜랑 (27조 雪岩 慧郎)

55조 급암 종신 (28조 及庵 宗信)

56조 석옥 청공 (29조 石屋 淸珙)

57조 태고 보우 (1 조 太古 普愚)

58조 환암 혼수 (2 조 幻庵 混脩)

59조 구곡 각운 (3 조 龜谷 覺雲)

60조 벽계 정심 (4 조 碧溪 淨心)

61조 벽송 지엄 (5 조 碧松 智儼)

62조 부용 영관 (6 조 芙蓉 靈觀)

63조 청허 휴정 (7 조 淸虛 休靜)

64조 편양 언기 (8 조 鞭羊 彦機)

65조 풍담 의심 (9 조 楓潭 義諶)

66조 월담 설제 (10조 月潭 雪霽)

67조 환성 지안 (11조 喚醒 志安)

68조 호암 체정 (12조 虎巖 體淨)

69조 청봉 거안 (13조 靑峰 巨岸)

70조 율봉 청고 (14조 栗峰 靑杲)

71조 금허 법첨 (15조 錦虛 法沾)

72조 용암 혜언 (16조 龍巖 慧言)

73조 영월 봉율 (17조 詠月 奉律)

74조 만화 보선 (18조 萬化 普善)

75조 경허 성우 (19조 鏡虛 惺牛)

76조 만공 월면 (20조 滿空 月面)

77조 전강 영신 (21조 田岡 永信)

78대 농선 대원 (22대 弄禪 大圓)

농선 대원 선사님
인가 내력

농선 대원 선사님 인가 내력

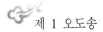
제 1 오도송

이 몸을 끄는 놈 이 무슨 물건인가?
골똘히 생각한 지 서너 해 되던 때에
쉬이하고 불어온 솔바람 한 소리에
홀연히 대장부의 큰 일을 마치었네

무엇이 하늘이고 무엇이 땅이런가
이 몸이 청정하여 이러-히 가없어라
안팎 중간 없는 데서 이러-히 응하니
취하고 버림이란 애당초 없다네

하루 온종일 시간이 다하도록
헤아리고 분별한 그 모든 생각들이

옛 부처 나기 전의 오묘한 소식임을
듣고서 의심 않고 믿을 이 누구인가!

此身運轉是何物
疑端汩沒三夏來
松頭吹風其一聲
忽然大事一時了

何謂靑天何謂地
當體淸淨無邊外
無內外中應如是
小分取捨全然無

一日於十有二時
悉皆思量之分別
古佛未生前消息
聞者卽信不疑誰

농선 대원 선사님의 스승이신 불조정맥 제77조 조계종(曹溪宗) 전
강(田岡) 대선사님께서 1962년 대구 동화사의 조실로 계실 당시 농
선 대원 선사님께서도 동화사에 함께 머무르고 계셨다.

하루는, 전강 대선사님께서 대원 선사님의 3연으로 되어 있는 제
1오도송을 들어 깨달은 바는 분명하나 대개 오도송은 짧게 짓는다

고 말씀하셨다. 이에 대원 선사님께서는 제1오도송을 읊은 뒤, 도
솔암을 떠나 김제들을 지나다가 석양의 해와 달을 보고 문득 읊었
던 제2오도송을 일러드렸다.

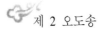 제 2 오도송

해는 서산 달은 동산 덩실하게 얹혀 있고
김제의 평야에는 가을빛이 가득하네
대천이란 이름자도 서지를 못하는데
석양의 마을길엔 사람들 오고 가네

日月兩嶺載同模
金提平野滿秋色
不立大千之名字
夕陽道路人去來

제2오도송을 들으신 전강 대선사님께서는 이에 그치지 않고 그와
같은 경지를 담은 게송을 이 자리에서 즉시 한 수 지어볼 수 있겠
냐고 하셨다. 대원 선사님께서는 곧바로 다음과 같이 읊으셨다.

바위 위에는 솔바람이 있고

산 아래에는 황조가 날도다
대천도 흔적조차 없는데
달밤에 원숭이가 어지러이 우는구나

岩上在松風
山下飛黃鳥
大千無痕迹
月夜亂猿啼

전강 대선사님께서는 위 송의 앞의 두 구를 들으실 때만 해도 지그시 눈을 감고 계시다가 뒤의 두 구를 마저 채우자 문득 눈을 뜨고 기뻐하는 빛이 역력하셨다.

그러나 전강 대선사님께서는 여기에서도 그치지 않고 다시 한 번 물으셨다.

"대중들이 자네를 산으로 불러내고 그중에 법성(향곡 스님 법제자인 진제 스님. 동화사 선방에 있을 당시에 '법성'이라 불렸고, 나중에 '법원'으로 개명하였다.)이 달마불식(達磨不識) 도리를 일러보라 했을 때 '드러났다'라고 답했다는데, 만약에 자네가 당시의 양무제였다면 '모르오'라고 이르고 있는 달마 대사에게 어떻게 했겠는가?"

대원 선사님께서 답하셨다.

"제가 양무제였다면 '성인이라 함도 서지 못하나 이러-히 짐의 덕화와 함께 어우러짐이 더욱 좋지 않겠습니까?' 하며 달마 대사의

손을 잡아 일으켰을 것입니다."

전강 대선사님께서 탄복하며 말씀하셨다.

"어느새 그 경지에 이르렀는가?"

"이르렀다곤들 어찌 하며, 갖추었다곤들 어찌 하며, 본래라곤들
어찌 하리까? 오직 이러-할 뿐인데 말입니다."

대원 선사님께서 연이어 말씀하시자 전강 대선사님께서 이에 환
희하시니 두 분이 어우러진 자리가 백아가 종자기를 만난 듯, 고수
명창 어울리듯 화기애애하셨다.

달마불식 공안에 대한 위의 문답은 내력이 있는 것이다. 전강 대
선사님께서 대원 선사님을 부르기 며칠 전에, 저녁 입선 시간 중에
노장님 몇 분만이 자리에 앉아있을 뿐 자리가 텅텅 비어 있었다고
한다.

대원 선사님께서 이상히 여기고 있던 중, 밖에서 한 젊은 수좌가
대원 선사님을 불렀다. 그 수좌의 말이 스님들이 모두 윗산에 모여
기다리고 있으니 가자고 하기에 무슨 일인가 하고 따라가셨다.

그러자 그 자리에 있던 법성 스님이 보자마자 달마불식 법문을
들고 이르라고 하기에 지체없이 답하셨다.

"드러났다."

곁에 계시던 송암 스님께서 또 안수정등 법문을 들고 물으셨다.

"여기서 어떻게 살아나겠소?"

대뜸 큰소리로 이르셨다.

"안·수·정·등."

이에 좌우에 모인 스님들이 함구무언(緘口無言)인지라 대원 선사님께서는 먼저 그 자리를 떠나 내려와 버리셨다.

그 다음날 입승인 명허 스님께서 아침 공양이 끝난 자리에서 지난 밤 입선시간 중에 무단으로 자리를 비운 까닭을 묻는 대중 공사를 붙여 산 중에서 있었던 일들이 낱낱이 드러나고 말았다. 그리하여 입선시간 중에 자리를 비운 스님들은 가사 장삼을 수하고 조실인 전강 대선사님께 참회의 절을 했던 일이 있었다.

전강 대선사님께서는 이때에 대원 선사님께서 달마불식 도리에 대해 일렀던 경지를 점검하셨던 것이다.

이런 철저한 검증의 자리가 있었던 다음 날, 전강 대선사님께서 부르시기에 대원 선사님께서 가보니 주지인 월산(月山) 스님께서 모든 것이 약조된 데에서 입회해 계셨으며 전강 대선사님께서는 곧바로 다음과 같이 전법게(傳法偈)를 전해주셨다.

 전 법 게

부처와 조사도 일찍이 전한 것이 아니거늘
나 또한 어찌 받았다 하며 준다 할 것인가
이 법이 2천년대에 이르러서
널리 천하 사람을 제도하리라

佛祖未曾傳
我亦何受授
此法二千年
廣度天下人

  덧붙여 이 일은 월산 스님이 증인이며 2000년까지 세 사람 모두 절대 다른 사람이 알게 하거나 눈에 띄게 하지 않아야 한다고 당부하셨다.
  만약 그러지 않을 시에는 대원 선사님께서 법을 펴 나가는데 장애가 있을 것이라고 예언하셨다. 또한 각별히 신변을 조심하라 하시고 월산 스님에게 명령해 대원 선사님을 동화사의 포교당인 보현사에 내려가 교화에 힘쓰게 하셨다.
  대원 선사님께서 보현사로 떠나는 날, 전강 대선사님께서는 미리 적어두셨던 부송(付頌)을 주셨으니 다음과 같다.

 부 송

  어상을 내리지 않고 이러-히 대한다 함이여
  뒷날 돌아이가 구멍 없는 피리를 불리니
  이로부터 불법이 천하에 가득하리라

不下御床對如是

後日石兒吹無孔

自此佛法滿天下

위의 송의 '어상을 내리지 않고 이러-히 대한다 함이여'라는 첫째 줄 역시 내력이 있는 구절이다.

전에 대원 선사님께서 전강 대선사님을 군산 은적사에서 모시고 계실 당시 마당에서 홀연히 마주쳤을 때 다음과 같은 문답이 있었다.

전강 대선사님께서 물으셨다.

"공적(空寂)의 영지(靈知)를 이르게."

대원 선사님께서 대답하셨다.

"이러-히 스님과 대담(對談)합니다."

"영지의 공적을 이르게."

"스님과의 대담에 이러-합니다."

"어떤 것이 이러-히 대담하는 경지인가?"

"명왕(明王)은 어상(御床)을 내리지 않고 천하 일에 밝습니다."

위와 같은 문답 중에 대원 선사님께서 답하신 경지를 부송의 첫째 줄에 담으신 것이다.

전강 대선사님께서 대원 선사님을 인가(印可)하신 과정을 볼 때 한 번, 두 번, 세 번을 확인하여 철저히 점검하신 명안종사의 안목에 탄복하지 않을 수 없으며 이에 끝까지 1초의 머뭇거림도 없이 명철하셨던 대원 선사님께 찬탄하지 않을 수 없다.

그리하여 법열로 어우러진 두 분의 자리가 재현된 듯 함께 환희 용약하지 않을 수 없다.

이제 전강 대선사님과 약속한 2천년대를 맞이하였으므로 여기에 전법게를 밝힌다.

이로써 경허, 만공, 전강 대선사님으로 내려온 근대 대선지식의 정법의 횃불이 이 시대에 이어져 전강 대선사님의 예언대로 불법이 천하에 가득할 것이다.

21세기에 인류가 해야 할 일

이 사람은 1962년 26세 때부터 21세기에 인류에게 닥칠 공해문제, 에너지문제를 예견하고 대체에너지(무한원동기, 태양력, 파력, 풍력 등) 개발과 '울 안의 농법'을 연구하고 그 필요성을 많은 이들에게 이야기해 왔습니다.

당시에는 너무 시대를 앞서가는 이야기여서인지 일반인들이 수용하지 못하고 오히려 불신의 눈으로 바라보며 이 사람의 법마저 의심하였습니다. 하지만 현대에 있어서는 이것이 인류가 해결해야 할 가장 절박한 사안이 되어 있습니다.

'사막화방지 국제연대'를 설립한 것도 현재 인류가 해결해야 할 가장 절박한 지구환경문제를 이슈화시키고 그 해결책을 제시하여 재앙에 직면한 지구촌을 살리기 위해서입니다.

'사막화방지 국제연대'에서 추진하고 있는 사막화 방지, 지구 초원화, 대체에너지 개발은 온 인류가 발 벗고 나서서 해야 할 일입니다.

첫째 사막화 방지에 있어서 기존에 해왔던 '나무심기 사업'은 천문학적인 예산과 많은 인력을 동원하고도 극도로 황폐한 사막화된 환경을 되살리는 데 실패하였습니다.

그래서 이 사람은 사막화 방지에 있어서는 '사막 해수로 사업'을 새로운 방안으로 제시하였습니다.

사막 해수로 사업은 사막화된 지역에 수도관을 매설하여 바닷물을 끌어들여서 염분에 강한 식물을 중심으로 자연생태계를 복원하는 사업입니다.

이것은 나무심기 사업으로 심은 나무들이 절대적으로 물이 부족하여 생존할 수 없었던 문제를 해결할 수 있는, 현재로서는 유일한 해결책입니다.

그러나 '사막화방지 국제연대'의 목적은 사막이 확장되는 것을 방지하자는 것이지 사막 전체를 완전히 없애자는 것은 아닙니다. 인체에서 심장이 모든 피를 전신의 구석구석까지 골고루 보내어 살아서 활동하게 하듯이 사막은 오히려 지구의 심장 역할을 하는 중요한 곳이기 때문입니다.

그래서 21세기에 있어서는 다만 사막의 확장을 방지할 뿐 아니라 사막을 어떻게 운용하느냐를 연구해야 합니다.

사막에 바둑판처럼 사방이 막힌 플륨관 수로를 설치하여 동, 서, 남, 북 어느 방향의 수로를 얼마만큼 채우느냐 비우느냐에 따라, 사막으로부터 사방 어느 방향으로든 거리까지 조절하여, 원하는 지역에 비를 내리게 하고 그치게 할 수 있습니다. 철저히 과학적인

데이터에 의해 이렇게 사막을 운용함으로써 21세기의 지구를 풍요로운 낙원시대로 만들어가야 합니다.

둘째로 지구를 초원화할 수 있는 방안으로서 3년간의 실험을 통해, 광활한 황무지 지역을 큰 비용을 들이거나 많은 인력을 동원하지 않고도 짧은 시간 내에 초지로 바꿀 수 있는 식물을 찾아냈습니다.

그것은 바로 '돌나물'입니다. 돌나물은 따로 종자를 심을 필요가 없이 헬리콥터나 비행기로 살포해도 생존, 번식할 수 있으며, 추위와 더위, 황폐한 땅에서도 살아남을 수 있는 생명력과 번식력이 강한 식물입니다.

지구환경을 되살리는 초지조성 사업에 있어서 이것이 큰 도움이 되리라 생각합니다.

셋째의 대체에너지 개발에 있어서는 태양력, 파력, 풍력 등 1962년도부터 이 사람이 연구하고 얘기해왔던 방법들이 이미 많이 개발되어 실용화한 단계에 있습니다.

이 세 가지 일은 한 개인이나 한 국가가 할 수 있는 일이 아닙니다. 모든 국가가 앞장서서 전 세계적인 사업으로 이루어져야 합니다. 모든 국가가 함께 한 기금조성이 이루어져야 하고 기금조성에 참여한 국가는 이 시스템에 의한 전면적인 혜택을 입을 수 있도록 해야 합니다.

인류 모두가 지혜를 모아 이 일에 전력을 다한다면 인류는 유사 이래 가장 좋은 시절을 맞이하게 될 것이며, 만약 이 일을 남의 일인 양 외면한다면 극한의 재앙을 면할 수 없을 것입니다.

이 사람이 오래 전부터 얘기해왔던 '울 안의 농법'은 이미 미국 라스베이거스(Las Vegas)에서 30층짜리 '고층 빌딩 농장'으로 구현되었습니다. 그렇게 크게도 운영될 수 있지만 각자 자신의 집에서 이루어지는 '울 안의 농법'도 필요합니다.

21세기에 있어서 또 하나 인류가 만일의 사태를 대비해서 연구, 추진해야 될 일이 있다면 바닷속에서의 수중생활, 수중경작입니다.

지구가 심하게 온난화될 경우, 공기가 너무 많이 오염될 경우, 바닷물이 높아져 살 땅이 좁아질 경우 등에 대비할 때, 인류는 우주에서의 삶보다는 바닷속에서의 삶을 준비해야 합니다. 왜냐하면 그것이 훨씬 수월하고 비용도 절감할 수 있기 때문입니다.

이렇게 깨달은 이는 이변적으로는 깨달음을 얻게 하여 영생불멸의 삶을 영위할 수 있도록 만인을 이끌어야 하며 사변적으로는 일반인이 예측할 수 없는 백 년, 천 년 앞을 내다보아 이를 미리 앞서 대비하도록 만인의 삶을 이끌어줘야 한다고 생각합니다.

불법의 뜻은 다만 진리 전수에만 있는 것이 아니니, 만인이 서로 함께 영원한 극락을 누릴 때까지 물심양면으로, 이사일여로 베풀어 교화해야 하기 때문입니다.

도서출판 문젠(Moonzen Press)의 책들

1. 바로보인 전등록 (전30권을 5권으로)

7불과 역대 조사의 말씀이 1,700공안으로 집대성되어 있는 선종 최고의 고전으로, 깨달음의 정수가 살아 숨쉬도록 새롭게 번역되었다.

464, 464, 472, 448, 432쪽.
각권 18,000원

2. 바로보인 무문관

황룡 무문 혜개 선사가 저술한 공안집으로 전등록, 선문염송, 벽암록 등과 함께 손꼽히는 선문의 명저이다.

본칙 48개와 무문 선사의 평창과 송, 여기에 역저자인 대원 선사의 도움말과 시송으로 생명과 같은 선문의 진수를 맛보여 주고 있다.

272쪽. 12,000원

3. 바로보인 벽암록

설두 선사의 설두송고를 원오 극근 선사가 수행자에게 제창한 것이 벽암록이다.

이 책은 본칙과 설두 선사의 송, 대원 선사의 도움말과 시송으로 이루어져, 벽암록을 오늘에 맞게 바로 보이고 있다.

456쪽. 15,000원

4. 바로보인 천부경

우리 민족 최고(最古)의 경전 천부경을 깨달음의 책으로 새롭게 바로 보였다. 이 책에는 81권의 화엄경을 81자에 함축한 듯한 천부경과, 교화경, 치화경의 내용이 함께 담겨 있으며, 역저자인 대원 선사가 도움말, 토끼뿔, 거북털 등으로 손쉽게 닦아 증득하는 문을 열어놓고 있다.

432쪽. 15,000원

5. 바로보인 금강경

대원 선사의 『바로보인 금강경』은 국내 최초로 독창적인 과목을 내어 부처님과 수보리 존자의 대화 이면의 숨은 뜻을 드러내고, 자문과 시송으로 본문의 핵심을 꿰뚫어 밝혀, 금강경 전체를 손바닥 안의 겨자씨를 보듯 설파하고 있다.

488쪽. 15,000원

6. 세월을 북채로 세상을 북삼아

대원 선사의 선시가 담긴 선시화집 『세월을 북채로 세상을 북삼아』는 선과 시와 그림이 정상에서 만나 어우러진 한바탕이다. 선의 세계를 누리는 불가사의한 일상의 노래, 법열의 환희로 취한 어깨춤과 같은 선시가 생생하고 눈부시게 내면의 소리로 흐른다.

180쪽. 15,000원

7. 영원한현실

애매모호한 구석이 없이 밝고 명쾌하여, 너무도 분명함에 오히려 그 깊이를 헤아리기 어려운, 대원 선사의 주옥같은 법문을 모아 놓은 법문집이다.

400쪽. 15,000원

8. 바로보인 신심명

신심명은 양끝을 들어 양끝을 쓸어버리는, 40대치법으로 이루어진, 3조 승찬 대사의 게송이다. 이를 대원 선사가 바로 번역하는 것은 물론, 주해, 게송, 법문을 더해 통쾌하게 회통하고 자유자재 농한 것이 이 『바로보인 신심명』이다.

296쪽. 10,000원

9. 바로보인 환단고기 (전5권)

『바로보인 환단고기』 1권은 민족정신의 정수인 환단고기의 진리를 총정리하여 출간하였다. 2권에는 역사총론과 태초에서 배달국까지 역사가 실려 있으며, 3권은 단군조선, 4권은 북부여에서부터 고려까지의 역사가 실려 있다. 5권에는 역사를 증명하는 부록과 함께 환단고기 원문을 실었다.

344 · 368 · 264 · 352 · 344쪽.
각권 12,000원

10. 바로보인 선문염송 (전30권)

선문염송은 세계최대의 공안집이다. 전 공안을 망라하다시피 했기에 불조의 법 쓰는 바를 손바닥 들여다보듯 하지 않고는 제대로 번역할 수 없다. 대원 선사는 전 공안을 바로 참구할 수 있게끔 번역하고 각 칙마다 일러보였다.

352 368 344 352 360 360 400 440 376 392 384 428 410 380 368 434 400 404 406 440 424 460 472 456 504 528 488 488 480 512쪽 각권 15,000원

11. 앞뜰에 국화꽃 곱고 북산에 첫눈 희다

대원 선사의 선문답집으로 전강 · 경봉 · 숭산 · 묵산 선사와의 명쾌한 문답을 실었으며, 중앙일보의 〈한국불교의 큰스님 선문답〉 열 분의 기사와 기자의 질문에 대한 대원 선사의 별답을 함께 실었다.
200쪽. 5,000원

12. 바로보인 증도가

선종사에 사라지지 않을 발자취로 남은 영가 선사의 증도가를 대원 선사가 번역하고 법문과 송을 더하였다.
자비의 방편인 증도가의 말씀을 하나하나 쳐가는 선사의 일갈이야말로 영가 선사의 본 의중과 일치하여 부합하는 것이라 아니할 수 없다.
376쪽. 10,000원

13. 바로보인 반야심경
이 시대의 야부(冶父)선사, 대원 선사가
최초로 반야심경에 과목을 붙여 반야심경
내면에 흐르는 뜻을 밀밀하게 밝혀놓고
거침없는 송으로 들어보였다.
264쪽. 10,000원

14. 선(禪)을 묻는 그대에게 (전10권 중 2권)
대원 선사의 선수행에 대한 문답집.
깨달아 사무친 경지에 대한 밀밀한 점검
과, 오후보림에 대한 구체적인 수행법 제
시와, 최초의 무명과 우주생성의 원리까
지 낱낱이 설한 법문이 담겨 있다.
280쪽, 272쪽. 각권 15,000원

15. 바로보인 선가귀감
선가귀감은 깨닫고 닦아가는 비법이 고스
란히 전수되어 있는 선가의 거울이라 할
만하다. 더욱이 바로보인 선가귀감은 매
소절마다 대원 선사의 시송이 화살을 과
녁에 적중시키듯 역대 조사와 서산대사의
의중을 꿰뚫어 보석처럼 빛나고 있다.
352쪽. 15,000원

16. 바로보인 법융선사 심명

심명 99절의 한 소절, 한 소절이 이름 그대로 마음에 새겨두어야 할 자비광명들이다.

이 심명은 언어와 문자이면서 언어와 문자를 초월한 일상을 영위하게 하는 주옥 같은 법문이다.

278쪽. 12,000원

17. 주머니 속의 심경

반야심경은 부처님이 설하신 경 중에서도 절제된 경으로 으뜸가는 경이다. 대원 선사의 선송(禪頌)도 그 뜻을 따라 간략하나 선의 풍미를 한껏 담고 있다. 하루에 한 소절씩을 읽고 참구한다면 선 수행의 지름길이 될 것이다.

84쪽. 5,000원

18. 바로보인 법성게

법성게는 한마디로 화엄경의 핵심부를 온통 훤출히 드러내놓은 게송이다. 짧은 글 속에 일체의 법을 이렇게 통렬하게 담아놓은 법문도 드물 것이다.

이렇게 함축된 법성게 법문을 대원 선사가 속속들이 밀밀하게 설해놓았다.

176쪽. 10,000원

19. 달다 - 전강 대선사 법어집
이제는 전설이 된 한국 근대선의 거목인 전강 선사님의 최상승법과 예리한 지혜, 선기로 넘쳤던 삶이 생생하게 담겨 있는 전강 대선사 법어집 〈 달다 〉!
전강 대선사님의 인가 제자인 대원 선사가 전강 대선사님의 법거량과 법문, 일화를 재조명하여 보였다.
368쪽. 15,000원

20. 기우목동가
그 뜻이 심오하여 번역하기 어려웠던 말계 지은 선사의 기우목동가!
대원 선사가 바른 뜻이 드러나도록 번역하고, 간결한 결문과 주옥같은 선송으로 다시 보였다.
146쪽. 10,000원

21. 초발심자경문
이 초발심자경문은 한문을 새기는 힘인 문리를 터득하게 하기 위하여 일부러 의역하지 않고 직역하였다.
대원 선사의 살아있는 수행지침도 실려 있다.
266쪽. 10,000원

22. 방거사어록

방거사어록은 선의 일상, 선의 누림을 보여주는 대표적인 선문이다. 역저자인 대원 선사는 방거사어록의 문답을 '본연의 바탕에서 꽃피우는 일상의 함'이라 말하고 있다. 법의 흔적마저 없는 문답의 경지를 온전하게 드러내 놓은 번역과, 방거사와 호흡을 함께 하는 듯한 '토끼뿔'이 실려 있다.

306쪽. 15,000원

23. 실증설

이 책의 모태는 대원 선사가 2010년 2월 14일 구정을 맞이하여 불자들에게 불법의 참뜻을 보이기 위해 홀연히 펜을 들어 일시에 써내려간 이 책의 3부이다. 실증한 이가 아니고는 설파할 수 없는 일구도리로 보인 이 3부와 태초로부터 영겁에 이르는 성품의 이치를 문답과 인터뷰 법문으로 낱낱이 설한 1, 2를 보아 실증하기를…

224쪽. 10,000원

24. 하택신회대사 현종기

육조대사의 법이 중국천하에 우뚝하도록 한 장본인, 하택신회대사의 현종기. 세간에 지해종도로 알려져 있는 편견을 불식시키는 뛰어난 깨달음의 경지가 여기에 담겨있다. 대원 선사가 하택신회대사의 실경지를 드러내고 바로보임으로써 빛냈다.

232쪽. 10,000원

25. 불조정맥 – 韓 · 英 · 中 3개국어판

석가모니불로부터 현 78대에 이르기까지 불조정맥진영(佛祖正脈眞影)과 정맥전법게(正脈傳法偈)를 온전하게 갖춘 최초의 불조정맥서. 대원 선사가 다년간 수집, 정리하여 기도와 관조 끝에 완성한『불조정맥』을 3개국어로 완역하였다.
216쪽. 20,000원

26. 바른 불자가 됩시다

참된 발심을 하여 바른 신앙, 바른 수행을 하고자 해도, 그 기준을 알지 못해 방황하는 불자님들을 위해 불법의 바른 길잡이 역할을 하도록 대원 선사가 집필하여 출간하였다.
162쪽. 10,000원

27. 누구나 궁금한 33가지

21세기의 인류를 위해 모든 이들이 가장 어렵고 궁금해 하는 문제, 삶과 죽음, 종교와 진리에 대한 바른 지표를 제시하고자 대원 선사가 집필하여 출간하였다.
180쪽. 10,000원

28. 108진참회문 - 韓·英·中 3개국어판

전생의 모든 악연들이 사라져 장애가 없어지고, 소망하는 삶을 살게 하기 위해 대원 선사가 10계를 위주로 구성한 108 항목의 참회문이다. 한 대목마다 1배를 하여 108배를 실천할 것을 권한다.

170쪽. 15,000원

29. 달마의 일할도 허락지 않는다

대원 선사의 짧고 명쾌한 법문집.
책을 잡는 순간 달마의 일할도 허락지 않는 선기와 맞닥뜨리게 될 것이다. 때로는 하늘을 찌를 듯한 기세와, 때로는 흔적 없는 공기와도 같은 향기를 일별하기를…

190쪽. 10,000원

30. 마음대로 앉아 죽고 서서 죽고

생사를 자재한 분들의 앉아서 열반하고 서서 열반한 내력은 물론 그분들의 생애와 법까지 일목요연하게 수록해놓았다.

446쪽. 15,000원

31. 화두 3개국어판 - 韓·英·中

『화두』는 대원 선사의 평생 선문답의 결정판이다. 생생하게 살아있는 선(禪)을 한·영·중 3개국어로 만날 수 있다. 특히 대원 선사의 짧은 일대기가 실려 있어 그 선풍을 음미하는 데에 큰 도움을 주고 있다.
440쪽. 15,000원

32. 바로보인 간당론

법문하는 이가 법리를 모르고 주장자를 치는 것을 눈먼 주장자라 한다. 법좌에 올라 주장자 쓰는 이들을 위해서 대원 선사가 간당론에서 선리(禪理)만을 취하여 『바로보인 간당론』을 출간하였다.
218쪽. 20,000원

33. 완전한 우리말 불공예식법

부처님께 공양을 올리고 불보살님의 가피를 구하는 예법 등을 총칭하여 불공예식법이라 한다. 대원 선사가 이러한 불공예식의 본뜻을 살려서 완전한 우리말본 불공예식법을 출간하였다.
456쪽. 38,000원

34. 바로보인 유마경

유마경은 불법의 최정점을 찍는 경전이라 할 것이니, 불보살님이 교화하는 경지에서의 깨달음의 실경과 신통자재한 방편행을 보여주는 최상승 경전이다. 대원 선사가 〈 대원선사 토끼뿔 〉로 이 유마경에 걸맞는 최상승법을 이 시대에 다시금 드날렸다.

568쪽. 20,000원

35. 실증설
5개국어판 - 韓·英·佛·西·中

대원 선사가 불법의 참뜻을 보이기 위해 홀연히 펜을 들어 일시에 써내려간 실증설! 실증한 이가 아니고는 설파할 수 없는 도리로 가득한 이 책이 드디어 영어, 불어, 스페인어, 중국어를 더하여 5개국어로 편찬되었다.

860쪽. 25,000원

36. 누구나 궁금한 33가지
3개국어판 - 韓·英·中

누구라도 풀어야 할 숙제인 33가지의 의문에 대한 답을 21세기의 현대인에게 맞는 비유와 언어로 되살린 『누구나 궁금한 33가지』가 한글, 영어, 중국어 3개국어로 출간되었다.

408쪽. 15,000원

37. 달마의 일할도 허락지 않는다
3개국어판 - 韓 · 英 · 中

대원 선사의 짧고 명쾌한 법문집인 『달마의 일할도 허락지 않는다』가 한글, 영어, 중국어 3개국어로 출간되었다. 전세계에서 유일하게 활선의 가풍이 이어지고 있는 한국, 그 가운데에서도 불조의 정맥을 이은 대원 선사가 살활자재한 법문을 세계로 전하고 있는 책이다.

308쪽. 15,000원

38. 화엄경 (전81권 중 42권)

대원 선사는 선문염송 30권, 전등록 30권을 모두 역해하여 세계 최초로 1,463칙 전 공안에 착어하였다. 이러한 안목으로 대천세계를 손바닥의 겨자씨 들여다보듯 하신 불보살님들의 지혜와 신통으로 누리는 불가사의한 화엄세계를 열어 보였다.

각권 15,000원

39. 법성게 3개국어판 - 韓 · 英 · 中

법성게는 한마디로 화엄경의 핵심부를 훤출히 드러내놓은 게송으로 짧은 글 속에 일체 법을 고스란히 담아 놓았다. 대원 선사의 통쾌한 법성게 법문이 한영중 3개국어로 출간되었다.

376쪽. 15,000원

40. 정법의 원류

『정법의 원류』는 불조정맥을 이은 정맥선원의 소개서이다. 정맥선원은 불조정맥 제77조 조계종 전강 대선사의 인가 제자인 대원 전법선사가 주재하는 도량이다. 『정법의 원류』를 통해 정맥선원 대원 선사의 정맥을 이은 법과 지도방편을 만날 수 있다.

444쪽. 20,000원

41. 바로보인 도가귀감

도가귀감은, 온통인 마음[一物]을 밝혀 회복함으로써, 생사를 비롯한 모든 아픔과 고를 여의어, 뜻과 같이 누려서 살게 하고자 한 도교의 뜻을, 서산대사가 밝혀 놓은 책이다. 대원 선사가 부록으로 도덕경의 중대한 대목을 더하고, 그 대목대목마다 결문(決文)하였다.

218쪽. 12,000원

42. 바로보인 유가귀감

유가귀감은 서산대사가 간추려놓은 구절로서, 간결하지만 심오하기 그지없으니, 간략한 구절 속에서 유교 사상을 미루어 볼 수 있게 하였다. 대원 선사가 그 뜻이 잘 드러나게 번역하고 그 대목대목마다 결문(決文)하였다.

236쪽. 15,000원

출간도서

바로보인 전등록 전 5권
바로보인 무문관
바로보인 벽암록
바로보인 천부경·교화경·치화경
바로보인 금강경
세월을 북채로 세상을 북삼아
영원한 현실
바로보인 신심명
바로보인 환단고기 전 5권
바로보인 선문염송 전 30권
앞뜰에 국화꽃 곱고 북산에 첫눈 희다
바로보인 증도가
바로보인 반야심경
선을 묻는 그대에게 1·2
바로보인 선가귀감
바로보인 법융선사 심명
주머니 속의 심경
바로보인 법성게
달다 -전강 대선사 법어집
기우목동가
초발심자경문
방거사어록

실증설
하택신회대사 현종기
불조정맥 - 한·영·중 3개국어판
바른 불자가 됩시다
누구나 궁금한 33가지
108진참회문 - 한·영·중 3개국어판
달마의 일할도 허락지 않는다
마음대로 앉아 죽고 서서 죽고
화두 - 한·영·중 3개국어판
바로보인 간당론
완전한 우리말 불공예식법
바로보인 유마경
실증설 5개국어판 - 한·영·불·서·중
누구나 궁금한 33가지 3개국어판
 - 한·영·중
달마의 일할도 허락지 않는다
3개국어판 - 한·영·중
화엄경 전 81권 중 42권
법성게 3개국어판 - 한·영·중
정법의 원류
바로보인 도가귀감
바로보인 유가귀감

출간예정 도서

화엄경 44권 ~ 81권
바로보인 능엄경 제6권
바로보인 원각경
바로보인 육조단경
바로보인 대전화상주 심경
바로보인 전등록 전 30권
바로보인 위앙록
해동전등록
말 밖의 말
언어의 향기

농선 대원 선사 선송집
진리와 과학의 만남
바로보인 5대 종교
금강경 야부송과 대원선사 토끼뿔
선재동자 참알 오십삼선지식
경봉선사 혜암선사 법을 들어 설하다
십현담 주해
불교대전
태고보우선사어록

법문 MP3를 주문판매합니다

부처님의 78대손이신 농선 대원 전법선사님의 법문 MP3가 나왔습니다. 책으로만 보아서는 고준하여 알기 어려웠던 선문의 이치들이 자세히 설하여져 있어서, 모든 궁금증을 시원하게 풀어줄 것입니다.

- 천부경 : 15,000원
- 신심명 : 30,000원
- 현종기 : 65,000원
- 기우목동가 : 75,000원
- 반야심경 : 1회당 5,000원 (총 32회)
- 선가귀감 : 1회당 5,000원 (총 80회)
- 금강경 : 40,000원
- 법성게 : 10,000원
- 법융선사 심명 : 100,000원

대원 선사님 작사 노래 CD 주문판매합니다

가슴으로 부르는
불심의 노래

1. 서 원 가 (3:36)
2. 반조 염불가 (4:00)
3. 소중한 삶 (2:30)
4. 석가모니불 (4:52)
5. 맹서의 노래 (4:25)
6. 염원의 노래 (3:25)
7. 음성 공양 (3:51)
8. 발 심 가 (3:05)
9. 자비의 품 (4:10)
10. 부처님 은혜(첫 번째) (4:34)

11. 보살의 마음 (3:50)
12. 이 생에 꼭해야 할 일 (3:08)
13. 구도의 목표 (3:18)
14. 님은 아시리 (3:42)
15. 부처님 은혜(두 번째) (4:34)
16. 성중성인 오성네 (3:10)
17. 내 문제는 네가 풀자 (2:38)
18. 즐거운 밤 (2:27)
19. 관 음 가 (2:48)

• 가격 : 2만 원

가슴으로 부르는
불심의 노래 2

1. 부 처 님 (4:01)
2. 열반재일 (3:09)
3. 성도재일 (4:00)
4. 석굴암의 노래 (3:19)
5. 님의 모습 (3:15)
6. 믿고 따르세 (2:55)
7. 신명을 다하리 (4:17)
8. 부처님께 바치는 마음 (3:49)
9. 감사합니다 (3:10)
10. 효 하 가 (4:30)

11. 섬진강 소초 (3:08)
12. 권 수 가[1] (3:02)
13. 권 수 가[2] (4:02)
14. 우란분재일 (3:38)
15. 고맙습니다 (2:31)
16. 열음으로 여는 세상 (3:05)
17. 출가재일 (2:44)
18. 열 원 (2:52)
19. 우리네 삶, 고운 수로 (2:35)
20. 숲속의 마을 (2:33)

• 가격 : 1만5천 원

문의 전화 ☎ 031-534-3373

유튜브에서 채널 구독하시고
무료로 찬불가 앨범을 감상하세요

유튜브에서 MOONZEN을 검색하시거나
아래의 주소로 접속해주세요

http://www.youtube.com/user/officialMOONZEN

화엄경 43권은 이룬절 포천정맥선원
불보 김정옥 본연님, 이지윤, 이승헌
님의 보시에 의해 출간되었습니다.
이 무량공덕으로 구경성불하시기를
기원합니다.